交通运输企业主要负责人和安全生产管理人员培训丛书

道路旅客运输企业
主要负责人和安全生产管理人员培训教材

本书编写组　编

交通运输部安全委员会办公室　审定

《中华人民共和国安全生产法》第二十四条

生产经营单位的主要负责人和安全生产管理人员必须具备与本单位所从事的生产经营活动相应的安全生产知识和管理能力。

道路运输单位的主要负责人和安全生产管理人员，应当由主管的负有安全生产监督管理职责的部门对其安全生产知识和管理能力考核合格……

人民交通出版社股份有限公司
China Communications Press Co.,Ltd.

内 容 提 要

本书作为道路旅客运输企业主要负责人和安全生产管理人员的培训教材,讲述了道路旅客运输企业的安全管理基础以及针对性的管理方法。本书根据《安全生产法》对企业主要负责人和安全生产管理人员的要求而编写。全书共分为7章,主要内容包括:安全生产法律法规、生产经营单位安全生产主体责任、企业安全生产管理基础、车辆管理、危险源辨识与隐患排查治理、应急救援以及事故报告等相关内容。

本书适用于道路旅客运输企业主要负责人和安全生产管理人员培训和学习。

图书在版编目(CIP)数据

道路旅客运输企业主要负责人和安全生产管理人员培训教材/《道路旅客运输企业主要负责人和安全生产管理人员培训教材》编写组编.—北京:人民交通出版社股份有限公司,2016.6
ISBN 978-7-114-13069-4

Ⅰ.①道… Ⅱ.①道… Ⅲ.①公路运输—旅客运输—交通运输企业管理—技术培训—教材 Ⅳ.①F540.5

中国版本图书馆CIP数据核字(2016)第121615号

Daolu Lüke Yunshu Qiye Zhuyao Fuzeren he Anquan Shengchan Guanli Renyuan Peixun Jiaocai

书　　名	道路旅客运输企业主要负责人和安全生产管理人员培训教材
著 作 者	本书编写组
责任编辑	林宇峰
出版发行	人民交通出版社股份有限公司
地　　址	(100011)北京市朝阳区安定门外外馆斜街3号
网　　址	http://www.ccpress.com.cn
销售电话	(010)59757973
总 经 销	人民交通出版社股份有限公司发行部
经　　销	各地新华书店
印　　刷	北京鑫正大印刷有限公司
开　　本	880×1230　1/32
印　　张	7
字　　数	188千
版　　次	2016年6月　第1版
印　　次	2019年6月　第3次印刷
书　　号	ISBN 978-7-114-13069-4
定　　价	30.00元

(有印刷、装订质量问题的图书由本公司负责调换)

交通运输企业主要负责人和安全生产管理人员培训丛书

编 委 会

主　任：于志伟　于雪峰　马玉臣　王　伟
　　　　　王茂新　王孟章　时凤奎　张立承
　　　　　张　胜　张新财　陈世国　陈亚民
　　　　　陈　明　武明章　娄季川　娄殿武

副主任：王　莹　刘纯涛　孙庆林　李相伟
　　　　　李新杰　张建光　张树标　罗序高
　　　　　岳跃军　金益民　谈　勇　蔡均恒
　　　　　谭光辉

委　员：于冬梅　王　骥　朱财权　刘江龙
　　　　　许永华　杜宗跃　李　靖　宋国鹏
　　　　　张成全　张丽燕　张亮亮　苗振中
　　　　　周　烨　柏玉梅　段　权　姜　华
　　　　　姚静涛　娜仁托娅　　　　郭志南
　　　　　曹照峰　常　勇　揭　晓

鸣　谢：北京中平科学技术院

前　　言

《中华人民共和国安全生产法》(以下简称《安全生产法》)第二十四条规定："生产经营单位的主要负责人和安全生产管理人员必须具备与本单位所从事的生产经营活动相应的安全生产知识和管理能力。危险物品的生产、经营、储存单位以及矿山、金属冶炼、建筑施工、道路运输单位的主要负责人和安全生产管理人员，应当由主管的负有安全生产监督管理职责的部门对其安全生产知识和管理能力考核合格。"为了使交通运输企业主要负责人和安全生产管理人员能够不断学习安全生产管理知识，提高安全生产管理能力，并通过主管部门的考核，我们组织编写了《交通运输企业主要负责人和安全生产管理人员培训丛书》。丛书共分10册：

(1)《城市公共汽车客运企业主要负责人和安全生产管理人员培训教材》；

(2)《城市轨道交通运输企业主要负责人和安全生产管理人员培训教材》；

(3)《出租汽车企业主要负责人和安全生产管理人员培训教材》；

(4)《道路旅客运输企业主要负责人和安全生产管理人员培训教材》；

(5)《道路危险货物运输企业主要负责人和安全生产管理人员培训教材》；

(6)《道路普通货物运输企业主要负责人和安全生产管理人员培训教材》;

(7)《道路货物运输站场主要负责人和安全生产管理人员培训教材》;

(8)《机动车维修企业主要负责人和安全生产管理人员培训教材》;

(9)《汽车客运站主要负责人和安全生产管理人员培训教材》;

(10)《交通运输建筑施工企业主要负责人和安全生产管理人员培训教材》。

本套丛书根据交通运输企业实际情况,按照理论与实践相结合的原则进行编写,根据交通运输各经营类别的特点,将安全生产管理知识充分融入实际工作之中,使企业主要负责人和安全生产管理人员能够通过学习,切实提高安全知识水平和实际安全生产管理能力。

本书经过大量的现场咨询考察和调研编写而成,具备如下特点:

(1)依据最新法规内容要求编写,符合行业管理要求。

(2)结合大量客运企业现场咨询调研结果进行编写,理论与实际紧密结合。

(3)充分结合行业特点,更具备针对性。

(4)侧重于企业的实际安全生产管理,图文结合,适用性强。

本书从法律法规、企业安全生产管理基础、车辆管理、危险源辨识与隐患排查以及应急救援等各方面安全生产管理知识进行讲解,为道路旅客运输企业主要负责人和安全生产管理人员提供参考。

本书由时凤奎、董胜武主编,乔树胜、陈志、任建国、许永华、李卫平、杨弘卿参与编写。

由于编者的水平有限,书中难免有不妥之处,敬请广大读者批评指正。

交通运输企业主要负责人和安全生产管理人员培训丛书编委会
2016 年 3 月 15 日

目　　录

第一章　安全生产法律法规 …… 1
　第一节　安全生产方针和安全工作基本原则 …… 1
　第二节　安全生产法律法规体系 …… 4
　第三节　安全生产相关法律法规 …… 9

第二章　生产经营单位安全生产主体责任 …… 59
　第一节　安全生产主体责任概述 …… 59
　第二节　主要负责人的安全职责及法律责任 …… 60
　第三节　安全生产管理人员的安全职责和法律责任 …… 62
　第四节　安全生产责任制 …… 64

第三章　企业安全生产管理基础 …… 67
　第一节　安全生产目标管理 …… 67
　第二节　安全管理机构和人员 …… 68
　第三节　安全管理规章制度 …… 74
　第四节　安全投入 …… 87
　第五节　安全教育培训和安全文化建设 …… 90
　第六节　驾驶员 …… 99
　第七节　营运管理 …… 111

第四章　车辆管理 …… 125
　第一节　车辆等级评定与审验 …… 125

第二节 车辆安全设施 ……………………… 127
第三节 车辆技术管理 ……………………… 132

第五章 危险源辨识与隐患排查治理 …………… 143
第一节 危险源辨识、评估 …………………… 143
第二节 隐患排查与治理 ……………………… 166

第六章 应急救援 …………………………………… 171
第一节 应急救援体系 ………………………… 171
第二节 应急救援预案的编制 ………………… 176
第三节 应急救援的管理 ……………………… 186
第四节 突发事件应急救援处置 ……………… 196

第七章 事故报告、处理与案例分析 ……………… 202
第一节 事故信息报告 ………………………… 202
第二节 事故案例分析 ………………………… 206

参考文献 …………………………………………… 215

第一章 安全生产法律法规

 安全生产方针和安全工作基本原则

一、我国安全生产的基本方针

我国安全生产的基本方针,如图 1-1 所示。

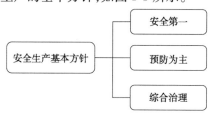

图 1-1 安全生产的基本方针示意图

❶ 安全第一

"安全第一"是我国安全生产工作的核心理念,它要求我们在生产经营过程中应始终把安全放在第一位,实行"安全优先"原则,坚持以人为本,在确保安全的前提下,实现生产经营的其他目标。

❷ 预防为主

"预防为主"是指把预防安全生产事故的发生放在安全生产

工作的首位,努力做到事前防范,而不是事后补救。按照系统化、科学化的管理思想,按照事故发生的规律和特点,千方百计预防事故,做到防患于未然,将事故消灭在萌芽状态。

❸ 综合治理

"综合治理"是安全生产管理工作的重要措施,是指运用科技、经济、法律、行政等手段,人管、法治、技防多管齐下,并充分发挥社会、职工、舆论的监管作用,做到标本兼治、重在治本,实现安全生产的齐抓共管。

二、道路交通安全工作基本原则

《国务院关于加强道路交通安全工作的意见》(国发〔2012〕30号)提出了道路交通安全工作的四大基本原则:安全第一、协调发展,预防为主、综合治理,落实责任、强化考核,科技支撑、依法保障,如图1-2所示。

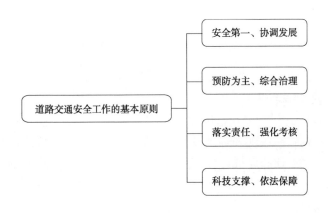

图1-2　道路交通安全工作的基本原则示意图

第一章 安全生产法律法规

❶ 安全第一、协调发展

"安全第一、协调发展"即正确处理安全与速度、质量、效益的关系,坚持把安全放在首位,加强统筹规划,使道路交通安全融入国民经济社会发展大局,与经济社会同步协调发展。地方各级人民政府要高度重视道路交通安全工作,将其纳入经济和社会发展规划,与经济建设和社会发展同部署、同落实、同考核,并加强对道路交通安全工作的统筹协调和监督指导。

❷ 预防为主、综合治理

"预防为主、综合治理"即严格驾驶员、车辆、运输企业准入和安全管理,加强道路交通安全设施建设,深化隐患排查治理,着力解决制约和影响道路交通安全的源头性、根本性问题,夯实道路交通安全基础。

❸ 落实责任、强化考核

"落实责任、强化考核"即全面落实企业主体责任、政府及部门监管责任和属地管理责任,健全目标考核和责任追究制度,加强督导检查和责任倒查,依法严格追究事故责任。

❹ 科技支撑、依法保障

"科技支撑、法治保障"即强化科技装备和信息化技术应用,建立健全法律法规和标准规范,加强执法队伍建设,依法严厉打击各类交通违法违规行为,不断提高道路交通科学管理和执法服务水平。推进高速公路全程监控等智能交通管理系统建设,强化科技装备和信息化技术在道路交通执法中的应用,提高道路交通安全管控能力。

 安全生产法律法规体系

一、法的概念、本质和特征

❶ 法的概念

法有狭义和广义之分,从广义上讲,国家按照统治阶级利益和意志制定或者认可的,并由国家强制力保证其实施的行为规范的总和即为法,而狭义上的法,包括宪法、法律、行政法规、地方性法规、行政规章等各种成文法在内具体的法律规范。

❷ 法的本质

法的最本质的属性是统治阶级的意志,而不是任何个人的意志,更不是超阶级的共同意志。统治阶级的意志决定于统治阶级的物质生活条件,这种物质生活条件构成法的基础。法作为统治阶级的意志可以体现在以下3个方面：

(1)意志内容的一般性；

(2)意志内容的客观性；

(3)意志内容的统一性。

❸ 法的特征

法所表现的意志首先是一种社会意识形态,但又不单纯是意识形态,而是一种社会规范。它为人们规定一定的行为规则,指示人们在特定的条件下可以做什么,必须做什么,禁止做什么,即规定人们享有的权利和应当履行的义务,从而调整人们在社会生活中的相互关系。法作为一种社会规范,在其发生作用的范围内具有普遍性、稳定性和约束力。社会规范很多,诸如道

德、风俗习惯、宗教教规,以及各种社会团体的规章等。法与上述社会规范不同,法是一种特殊的社会规范,这表现在法具有以下 4 个特征:

(1)法是由特定的国家机关制定的;
(2)法是依照特定的程序制定的;
(3)法具有国家强制性;
(4)法是调整人们行为的社会规范。

二、安全生产法律体系

我国安全生产法律法规体系,是指我国全部现行的、不同的安全生产法律规范形成的有机联系的统一整体,是国家法律法规体系的一部分。按照其法律地位和法律效力的层级划分为法律、法规、规章以及安全生产标准,如图 1-3 所示。

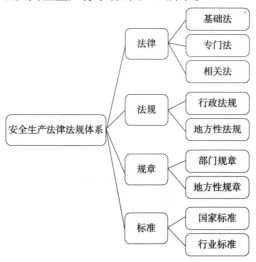

图 1-3　安全生产法律法规体系

❶ 安全生产法律

安全生产法律特指由全国人民代表大会及其常务委员会依照一定的立法程序制定和颁布的规范性文件。我国安全生产法律包括基础法律、专门法律和相关法律等。

1）基础法

《中华人民共和国安全生产法》是综合安全生产法律制度的法律,属于基础法,它适用于与生产经营活动安全有关的所有行为、单位、部门,是我国安全生产法律体系的核心。

2）专门法

专门的安全生产法律是规范某一专业领域生产法律制度的法律,我国在专业领域的法律有《中华人民共和国道路交通安全法》、《中华人民共和国消防法》、《中华人民共和国特种设备安全法》等。

3）相关法

与安全生产相关的法律是指安全生产专门法律以外的其他法律中涵盖有安全生产内容的法律,如《中华人民共和国劳动法》、《中华人民共和国工会法》等。

❷ 安全生产法规

我国现行的法规分为行政法规和地方性法规。

1）行政法规

安全生产行政法规是由国务院组织制定并批准公布的,是为实施安全生产法律或规范安全生产监督管理制度而制定并颁布的一系列具体规定,是实施安全生产监督管理和监察工作的重要依据。安全生产行政法规有《中华人民共和国道路运输条例》、《生产安全事故报告和调查处理条例》等。

2）地方性法规

安全生产地方性法规是指由有立法权的地方权力机关——

人民代表大会及其常务委员会依照法定职权和程序制定和颁布的、实行于本行政区域的规范性文件。各省人大及常委会通过的安全生产条例等有关国家法律法规的实施办法、条例等均属于安全生产地方性法规。

❸ 安全生产规章

1）部门规章

安全生产部门规章是指国务院的部、委员会和直属机构依照法律、行政法规或者国务院授权指定的在全国范围内实施安全生产行政管理的规范性文件，如《道路运输从业人员管理规定》、《交通运输突发事件应急管理规定》、《道路旅客运输及客运站管理规定》等。

2）地方性规章

安全生产地方性规章是由省、自治区、直辖市、较大的市（省、自治区政府所在地的市、经济特区政府所在地的市和经国务院批准的较大的市）的人民政府根据法律、行政法规和本省、自治区、直辖市的地方性法规制定的规章。

❹ 安全生产标准

安全生产标准是围绕如何消除、限制或预防劳动过程中的危险和有害因素，保护职工安全与健康，保障设备、生产正常运行而制定的统一规定。依据《中华人民共和国标准化法》的规定，标准的层次依次为：国家标准、行业标准、地方标准、企业标准，列入安全生产法律体系的主要是指国家标准和行业标准，国家标准、行业标准又分为强制性标准和推荐性标准。

❺ 安全生产法律法规的法律效力及相互关系

（1）安全生产法律的地位和效力次于宪法，其规定不得同宪法相抵触。安全生产法律效力高于行政法规、地方性法规和行政规章。

（2）行政法规的法律地位和法律效力次于宪法和法律，但高于地方性法规、行政规章。行政法规在中华人民共和国领域内具有约束力，这种约束力体现在两个方面：一是约束国家行政机关自身的效力，二是约束行政管理相对人的效力。

（3）地方性法规的法律效力高于本级和下级地方政府规章。地方性法规与部门规章之间对同一事项的规定不一致，不能确定如何适用时，由国务院提出意见，国务院认为应当适用地方性法规的，应当决定在该地方适用地方性法规的规定；认为应当适用部门规章的，应当提请全国人民代表大会常务委员会裁决。

（4）部门规章之间、部门规章与地方政府规章之间具有同等效力，在各自的权限范围内施行。部门规章之间、部门规章与地方政府规章之间对同一事项的规定不一致时，由国务院裁决。

（5）同一机关制定的法律、行政法规、地方性法规、自治条例和单行条例、规章，特别规定与一般规定不一致的，适用于特别规定；新规定与旧规定不一致的，适用于新规定。

三、道路旅客运输相关法律法规体系框架

道路旅客运输相关法律法规体系框架如图1-4所示。

第一章　安全生产法律法规

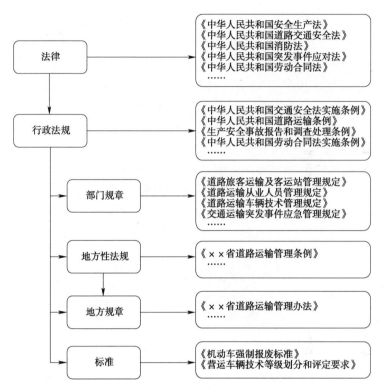

图 1-4　道路旅客运输相关法律法规体系框架图

安全生产相关法律法规

一、《中华人民共和国安全生产法》

《中华人民共和国安全生产法》(以下简称《安全生产法》)于 2002 年 6 月 29 日经第九届全国人民代表大会常务委员会第二十八次会议通过,2002 年 11 月 1 日起施行。

2014年8月31日,第十二届全国人民代表大会常务委员会第十次会议通过了《全国人民代表大会常务委员会关于修改〈中华人民共和国安全生产法〉的决定》(中华人民共和国主席令第七十号),并于2014年12月1日起施行。

(一)法律地位和立法目的

《安全生产法》是我国第一部全面规范安全生产的专门法律,在安全生产法 律法规体系中法律地位和法律效力是最高的。它是我国安全生产法律体系的主体法,是各类生产经营单位及其从业人员实现安全生产必须遵循的行为准则,是各级人民政府及其有关部门进行监督管理和行政执法的法律依据,是制裁各种安全生产违法犯罪行为的有力武器。

《安全生产法》的立法目的是:"为了加强安全生产监督管理,防止和减少生产安全事故,保障人民群众生命和财产安全,促进经济社会持续健康发展,制定本法。"

(二)适用范围

《安全生产法》第二条对适用范围作了规定:"在中华人民共和国领域内从事生产经营活动的单位(以下统称生产经营单位)的安全生产,适用本法;有关法律、行政法规对消防安全和道路交通安全、铁路交通安全、水上交通安全、民用航空安全以及核与辐射安全、特种设备安全另有规定的,适用其规定。"

(三)基本规定

❶ 安全生产管理的方针

第三条 安全生产工作应当以人为本,坚持安全发展,坚持安全第一、预防为主、综合治理的方针,强化和落实生产经营单位的主体责任,建立生产经营单位负责、职工参与、政府监管、行业自律和社会监督的机制。

❷ 安全生产责任制度

第四条 生产经营单位必须遵守本法和其他有关安全生产的法律、法规,加强安全生产管理,建立、健全安全生产责任制和安全生产规章制度,改善安全生产条件,推进安全生产标准化建设,提高安全生产水平,确保安全生产。

第十九条 生产经营单位的安全生产责任制应当明确各岗位的责任人员、责任范围和考核标准等内容。生产经营单位应当建立相应的机制,加强对安全生产责任制落实情况的监督考核,保证安全生产责任制的落实。

❸ 工会在安全生产工作中的地位和权力

第七条 工会依法对安全生产工作进行监督。生产经营单位的工会依法组织职工参加本单位安全生产工作的民主管理和民主监督,维护职工在安全生产方面的合法权益。生产经营单位制定或者修改有关安全生产的规章制度,应当听取工会的意见。

《安全生产法》第五十七条明确了工会参加安全管理的监督的权力:"工会有权对建设项目的安全设施与主体工程同时设计、同时施工、同时投入生产和使用进行监督,提出意见。工会对生产经营单位违反安全生产法律、法规,侵犯从业人员合法权益的行为,有权要求纠正;发现生产经营单位违章指挥、强令冒险作业或者发现事故隐患时,有权提出解决的建议,生产经营单位应当及时研究答复;发现危及从业人员生命安全的情况时,有权向生产经营单位建议组织从业人员撤离危险场所,生产经营单位必须立即作出处理。工会有权依法参加事故调查,向有关部门提出处理意见,并要求追究有关人员的责任。"

❹ 安全生产事故责任追究

第十四条 国家实行生产安全事故责任追究制度,依照本法和有关法律、法规的规定,追究生产安全事故责任人员的法律责任。

❺ 安全生产标准

第十条 国务院有关部门应当按照保障安全生产的要求,依法及时制定有关的国家标准或者行业标准,并根据科技进步和经济发展适时修订。生产经营单位必须执行依法制定的保障安全生产的国家标准或者行业标准。

❻ 安全生产宣传教育

第十一条 各级人民政府及其有关部门应当采取多种形式,加强对有关安全生产的法律、法规和安全生产知识的宣传,增强全社会的安全生产意识。

第七十四条 新闻、出版、广播、电影、电视等单位有进行安全生产公益宣传教育的义务,有对违反安全生产法律、法规的行为进行舆论监督的权利。

❼ 安全生产科技进步和奖励

第十五条 国家鼓励和支持安全生产科学技术研究和安全生产先进技术的推广应用,提高安全生产水平。

第十六条 国家对在改善安全生产条件、防止生产安全事故、参加抢险救护等方面取得显著成绩的单位和个人,给予奖励。

第七十三条 县级以上各级人民政府及其有关部门对报告重大事故隐患或者举报安全生产违法行为的有功人员,给予奖励。具体奖励办法由国务院负责安全生产监督管理的部门会同国务院财政部门制定。

(四)主要负责人和安全管理人员的安全责任

❶ 主要负责人的安全责任

第五条 生产经营单位的主要负责人对本单位的安全生产工作全面负责。

生产经营单位主要负责人是指对本单位生产经营负全面责任,有生产经营决策权的人员。具体指有限责任公司或股份有限公司的董事长、总经理,其他生产经营单位的厂长、经理、矿长、投资人等。

第十八条 生产经营单位的主要负责人对本单位安全生产工作负有下列职责:

(1)建立、健全本单位安全生产责任制;

(2)组织制定本单位安全生产规章制度和操作规程;

(3)组织制定并实施本单位安全生产教育和培训计划;

(4)保证本单位安全生产投入的有效实施;

(5)督促、检查本单位的安全生产工作,及时消除生产安全事故隐患;

(6)组织制定并实施本单位的生产安全事故应急救援预案;

(7)及时、如实报告生产安全事故。

第四十七条 生产经营单位发生生产安全事故时,单位的主要负责人应当立即组织抢救,并不得在事故调查处理期间擅离职守。

❷ 安全管理人员的安全责任

第十九条 生产经营单位的安全生产责任制应当明确各岗位的责任人员、责任范围和考核标准等内容。

生产经营单位应当建立相应的机制,加强对安全生产责任制落实情况的监督考核,保证安全生产责任制的落实。

第二十条 生产经营单位应当具备的安全生产条件所必需的资金投入,由生产经营单位的决策机构、主要负责人或者个人经营的投资人予以保证,并对由于安全生产所必需的资金投入不足导致的后果承担责任。

有关生产经营单位应当按照规定提取和使用安全生产费用,专门用于改善安全生产条件。安全生产费用在成本中据实列支。安全生产费用提取、使用和监督管理的具体办法由国务院财政部门会同国务院安全生产监督管理部门征求国务院有关部门意见后制定。

第二十一条 矿山、金属冶炼、建筑施工、道路运输单位和危险物品的生产、经营、储存单位,应当设置安全生产管理机构或者配备专职安全生产管理人员。

前款规定以外的其他生产经营单位,从业人员超过一百人的,应当设置安全生产管理机构或者配备专职安全生产管理人员;从业人员在一百人以下的,应当配备专职或者兼职的安全生产管理人员。

第二十二条 生产经营单位的安全生产管理机构以及安全生产管理人员履行下列职责:

(1)组织或者参与拟订本单位安全生产规章制度、操作规程和生产安全事故应急救援预案;

(2)组织或者参与本单位安全生产教育和培训,如实记录安全生产教育和培训情况;

(3)督促落实本单位重大危险源的安全管理措施;

(4)组织或者参与本单位应急救援演练;

(5)检查本单位的安全生产状况,及时排查生产安全事故隐患,提出改进安全生产管理的建议;

(6)制止和纠正违章指挥、强令冒险作业、违反操作规程的行为;

(7)督促落实本单位安全生产整改措施。

第二十三条　生产经营单位的安全生产管理机构以及安全生产管理人员应当恪尽职守,依法履行职责。

生产经营单位作出涉及安全生产的经营决策,应当听取安全生产管理机构以及安全生产管理人员的意见。

生产经营单位不得因安全生产管理人员依法履行职责而降低其工资、福利等待遇或者解除与其订立的劳动合同。

危险物品的生产、储存单位以及矿山、金属冶炼单位的安全生产管理人员的任免,应当告知主管的负有安全生产监督管理职责的部门。

第二十四条　生产经营单位的主要负责人和安全生产管理人员必须具备与本单位所从事的生产经营活动相应的安全生产知识和管理能力。

危险物品的生产、经营、储存单位以及矿山、金属冶炼、建筑施工、道路运输单位的主要负责人和安全生产管理人员,应当由主管的负有安全生产监督管理职责的部门对其安全生产知识和管理能力考核合格。考核不得收费。

第二十五条　生产经营单位应当对从业人员进行安全生产教育和培训,保证从业人员具备必要的安全生产知识,熟悉有关的安全生产规章制度和安全操作规程,掌握本岗位的安全操作技能,了解事故应急处理措施,知悉自身在安全生产方面的权利和义务。未经安全生产教育和培训合格的从业人员,不得上岗作业。

生产经营单位使用被派遣劳动者的,应当将被派遣劳动者纳入本单位从业人员统一管理,对被派遣劳动者进行岗位安全操作规程和安全操作技能的教育和培训。劳务派遣单位应当对被派遣劳动者进行必要的安全生产教育和培训。

生产经营单位接收中等职业学校、高等学校学生实习的,应当对实习学生进行相应的安全生产教育和培训,提供必要的劳动防护用品。学校应当协助生产经营单位对实习学生进行安全生产教育和培训。

生产经营单位应当建立安全生产教育和培训档案,如实记录安全生产教育和培训的时间、内容、参加人员以及考核结果等情况。

第二十六条　生产经营单位采用新工艺、新技术、新材料或者使用新设备,必须了解、掌握其安全技术特性,采取有效的安全防护措施,并对从业人员进行专门的安全生产教育和培训。

第二十七条　生产经营单位的特种作业人员必须按照国家有关规定经专门的安全作业培训,取得相应资格,方可上岗作业。

特种作业人员的范围由国务院负安全生产监督管理部门会同国务院有关部门确定。

第二十八条　生产经营单位新建、改建、扩建工程项目(以下统称建设项目)的安全设施,必须与主体工程同时设计、同时施工、同时投入生产和使用。安全设施投资应当纳入建设项目概算。

第三十二条　生产经营单位应当在有较大危险因素的生产经营场所和有关设施、设备上,设置明显的安全警示标志。

第三十三条　安全设备的设计、制造、安装、使用、检测、维修、改造和报废,应当符合国家标准或者行业标准。

生产经营单位必须对安全设备进行经常性维护、保养,并定期检测,保证正常运转。维护、保养、检测应当做好记录,并由有关人员签字。

第三十四条　生产经营单位使用的危险物品的容器、运输工具,以及涉及人身安全、危险性较大的海洋石油开采特种设备和矿山井下特种设备,必须按照国家有关规定,由专业生产单位生产,并经具有专业资质的检测、检验机构检测、检验合格,取得安全使用证或者安全标志,方可投入使用。检测、检验机构对检测、检验结果负责。

第三十五条　国家对严重危及生产安全的工艺、设备实行淘汰制度,具体目录由国务院安全生产监督管理部门会同国务院有关部门制定并公布。法律、行政法规对目录的制定另有规定的,适用其规定。

省、自治区、直辖市人民政府可以根据本地区实际情况制定并公布具体目录,对前款规定以外的危及生产安全的工艺、设备予以淘汰。

生产经营单位不得使用应当淘汰的危及生产安全的工艺、设备。

第三十六条　生产、经营、运输、储存、使用危险物品或者处置废弃危险物品的,由有关主管部门依照有关法律、法规的规定和国家标准或者行业标准审批并实施监督管理。

生产经营单位生产、经营、运输、储存、使用危险物品或者处置废弃危险物品,必须执行有关法律、法规和国家标准或者行业标准,建立专门的安全管理制度,采取可靠的安全措施,接受有关主管部门依法实施的监督管理。

第三十七条　生产经营单位对重大危险源应当登记建档,进行定期检测、评估、监控,并制定应急预案,告知从业人员和相关人员在紧急情况下应当采取的应急措施。

生产经营单位应当按照国家有关规定将本单位重大危险源及有关安全措施、应急措施报有关地方人民政府安全生产监督管理部门和有关部门备案。

第三十八条　生产经营单位应当建立健全生产安全事故隐患排查治理制度,采取技术、管理措施,及时发现并消除事故隐患。事故隐患排查治理情况应当如实记录,并向从业人员通报。

县级以上地方各级人民政府负有安全生产监督管理职责的部门应当建立健全重大事故隐患治理督办制度,督促生产经营单位消除重大事故隐患。

第三十九条　生产、经营、储存、使用危险物品的车间、商店、仓库不得与员工宿舍在同一座建筑物内,并应当与员工宿舍保持安全距离。

生产经营场所和员工宿舍应当设有符合紧急疏散要求、标志明显、保持畅通的出口。禁止锁闭、封堵生产经营场所或者员工宿舍的出口。

第四十条　生产经营单位进行爆破、吊装以及国务院安全生产监督管理部门会同国务院有关部门规定的其他危险作业,应当安排专门人员进行现场安全管理,确保操作规程的遵守和安全措施的落实。

第四十一条　生产经营单位应当教育和督促从业人员严格执行本单位的安全生产规章制度和安全操作规程;并向从业人员如实告知作业场所和工作岗位存在的危险因素、防范措施以及事故应急措施。

第四十二条　生产经营单位必须为从业人员提供符合国家标准或者行业标准的劳动防护用品,并监督、教育从业人员按照使用规则佩戴、使用。

第四十三条　生产经营单位的安全生产管理人员应当根据本单位的生产经营特点,对安全生产状况进行经常性检查;对检查中发现的安全问题,应当立即处理;不能处理的,应当及时报告本单位有关负责人,有关负责人应当及时处理。检查及处理情况应当如实记录在案。

生产经营单位的安全生产管理人员在检查中发现重大事故隐患,依照前款规定向本单位有关负责人报告,有关负责人不及时处理的,安全生产管理人员可以向主管的负有安全生产监督管理职责的部门报告,接到报告的部门应当依法及时处理。

第四十四条　生产经营单位应当安排用于配备劳动防护用品、进行安全生产培训的经费。

第四十五条　两个以上生产经营单位在同一作业区域内进行生产经营活动,可能危及对方生产安全的,应当签订安全生产管理协议,明确各自的安全生产管理职责和应当采取的安全措施,并指定专职安全生产管理人员进行安全检查与协调。

第四十六条　生产经营单位不得将生产经营项目、场所、设备发包或者出租给不具备安全生产条件或者相应资质的单位或者个人。

生产经营项目、场所发包或者出租给其他单位的,生产经营单位应当与承包单位、承租单位签订专门的安全生产管理协议,或者在承包合同、租赁合同中约定各自的安全生产管理职责;生产经营单位对承包单位、承租单位的安全生产工作统一协调、管理,定期进行安全检查,发现安全问题的,应当及时督促整改。

第四十七条　生产经营单位发生生产安全事故时,单位的主要负责人应当立即组织抢救,并不得在事故调查处理期间擅离职守。

第四十八条　生产经营单位必须依法参加工伤保险,为从业人员缴纳保险费。

国家鼓励生产经营单位投保安全生产责任保险。

(五)生产安全事故的应急救援与调查处理

第七十八条　生产经营单位应当制定本单位生产安全事故应急救援预案,与所在地县级以上地方人民政府组织制定的生产安全事故应急救援预案相衔接,并定期组织演练。

第七十九条　危险物品的生产、经营、储存单位以及矿山、金属冶炼、城市轨道交通运营、建筑施工单位应当建立应急救援组织;生产经营规模较小的,可以不建立应急救援组织,但应当指定兼职的应急救援人员。

危险物品的生产、经营、储存、运输单位以及矿山、金属冶炼、城市轨道交通运营、建筑施工单位应当配备必要的应急救援器材、设备和物资,并进行经常性维护、保养,保证正常运转。

第八十条 生产经营单位发生生产安全事故后,事故现场有关人员应当立即报告本单位负责人。

单位负责人接到事故报告后,应当迅速采取有效措施,组织抢救,防止事故扩大,减少人员伤亡和财产损失,并按照国家有关规定立即如实报告当地负有安全生产监督管理职责的部门,不得隐瞒不报、谎报或者迟报,不得故意破坏事故现场、毁灭有关证据。

第八十三条 事故调查处理应当按照科学严谨、依法依规、实事求是、注重实效的原则,及时、准确地查清事故原因,查明事故性质和责任,总结事故教训,提出整改措施,并对事故责任者提出处理意见。事故调查报告应当依法及时向社会公布。事故调查和处理的具体办法由国务院制定。

事故发生单位应当及时全面落实整改措施,负有安全生产监督管理职责的部门应当加强监督检查。

第八十四条 生产经营单位发生生产安全事故,经调查确定为责任事故的,除了应当查明事故单位的责任并依法予以追究外,还应当查明对安全生产的有关事项负有审查批准和监督职责的行政部门的责任,对有失职、渎职行为的,依照本法第八十七条的规定追究法律责任。

第八十五条 任何单位和个人不得阻挠和干涉对事故的依法调查处理。

(六)法律责任

第九十条 生产经营单位的决策机构、主要负责人或者个人经营的投资人不依照本法规定保证安全生产所必需的资金投入,致使生产经营单位不具备安全生产条件的,责令限期改正,提供必需的资金;逾期未改正的,责令生产经营单位停产停业整顿。

有前款违法行为,导致发生生产安全事故的,对生产经营单位的主要负责人给予撤职处分,对个人经营的投资人处二万元以上二十万元以下的罚款;构成犯罪的,依照刑法有关规定追究刑事责任。

第九十一条 生产经营单位的主要负责人未履行本法规定的安全生产管理职责的,责令限期改正;逾期未改正的,处二万元以上五万元以下的罚款,责令生产经营单位停产停业整顿。

生产经营单位的主要负责人有前款违法行为,导致发生生产安全事故的,给予撤职处分;构成犯罪的,依照刑法有关规定追究刑事责任。

生产经营单位的主要负责人依照前款规定受刑事处罚或者撤职处分的,自刑罚执行完毕或者受处分之日起,五年内不得担任任何生产经营单位的主要负责人;对重大、特别重大生产安全事故负有责任的,终身不得担任本行业生产经营单位的主要负责人。

第九十二条 生产经营单位的主要负责人未履行本法规定的安全生产管理职责,导致发生生产安全事故的,由安全生产监督管理部门依照下列规定处以罚款:

(1)发生一般事故的,处上一年年收入百分之三十的罚款;

(2)发生较大事故的,处上一年年收入百分之四十的罚款;

(3)发生重大事故的,处上一年年收入百分之六十的罚款;

(4)发生特别重大事故的,处上一年年收入百分之八十的罚款。

第九十三条　生产经营单位的安全生产管理人员未履行本法规定的安全生产管理职责的,责令限期改正;导致发生生产安全事故的,暂停或者撤销其与安全生产有关的资格;构成犯罪的,依照刑法有关规定追究刑事责任。

第九十四条　生产经营单位有下列行为之一的,责令限期改正,可以处五万元以下的罚款;逾期未改正的,责令停产停业整顿,并处五万元以上十万元以下的罚款,对其直接负责的主管人员和其他直接责任人员处一万元以上二万元以下的罚款:

(1)未按照规定设置安全生产管理机构或者配备安全生产管理人员的;

(2)危险物品的生产、经营、储存单位以及矿山、金属冶炼、建筑施工、道路运输单位的主要负责人和安全生产管理人员未按照规定经考核合格的;

(3)未按照规定对从业人员、被派遣劳动者、实习学生进行安全生产教育和培训,或者未按照规定如实告知有关的安全生产事项的;

(4)未如实记录安全生产教育和培训情况的;

(5)未将事故隐患排查治理情况如实记录或者未向从业人员通报的;

(6)未按照规定制定生产安全事故应急救援预案或者未定期组织演练的;

(7)特种作业人员未按照规定经专门的安全作业培训并取得相应资格,上岗作业的。

第九十五条　生产经营单位有下列行为之一的,责令停止建设或者停产停业整顿,限期改正;逾期未改正的,处五十万元以上一百万元以下的罚款,对其直接负责的主管人员和其他直接责任人员处二万元以上五万元以下的罚款;构成犯罪的,依照刑法有关规定追究刑事责任：

（1）未按照规定对矿山、金属冶炼建设项目或者用于生产、储存、装卸危险物品的建设项目进行安全评价的；

（2）矿山、金属冶炼建设项目或者用于生产、储存、装卸危险物品的建设项目没有安全设施设计或者安全设施设计未按照规定报经有关部门审查同意的；

（3）矿山、金属冶炼建设项目或者用于生产、储存、装卸危险物品的建设项目的施工单位未按照批准的安全设施设计施工的；

（4）矿山、金属冶炼建设项目或者用于生产、储存危险物品的建设项目竣工投入生产或者使用前，安全设施未经验收合格的。

第九十六条　生产经营单位有下列行为之一的，责令限期改正，可以处五万元以下的罚款；逾期未改正的，处五万元以上二十万元以下罚款，对其直接负责的主管人员和其他直接责任人员处一万元以上二万元以下的罚款；情节严重的，责令停产停业整顿；构成犯罪的，依照刑法有关规定追究刑事责任：

（1）未在有较大危险因素的生产经营场所和有关设施、设备上设置明显的安全警示标志的；

（2）安全设备的安装、使用、检测、改造和报废不符合国家标准或者行业标准的；

（3）未对安全设备进行经常性维护、保养和定期检测的；

（4）未为从业人员提供符合国家标准或者行业标准的劳动防护用品的；

（5）危险物品的容器、运输工具，以及涉及人身安全、危险性较大的海洋石油开采特种设备和矿山井下特种设备未经具有专业资质的机构检测、检验合格，取得安全使用证或者安全标志，投入使用的；

（6）使用应当淘汰的危及生产安全的工艺、设备的。

第九十七条　未经依法批准，擅自生产、经营、运输、储存、使用危险物品或者处置废弃危险物品的,依照有关危险物品安全管理的法律、行政法规的规定予以处罚;构成犯罪的,依照刑法有关规定追究刑事责任。

第九十八条 生产经营单位有下列行为之一的,责令限期改正,可以处十万元以下的罚款;逾期未改正的,责令停产停业整顿,并处十万元以上二十万元以下的罚款,对其直接负责的主管人员和其他直接责任人员处二万元以上五万元以下的罚款;构成犯罪的,依照刑法有关规定追究刑事责任:

(1)生产、经营、运输、储存、使用危险物品或者处置废弃危险物品,未建立专门安全管理制度、未采取可靠的安全措施的;

(2)对重大危险源未登记建档,或者未进行评估、监控,或者未制定应急预案的;

(3)进行爆破、吊装以及国务院安全生产监督管理部门会同国务院有关部门规定的其他危险作业,未安排专门人员进行现场安全管理的;

(4)未建立事故隐患排查治理制度的。

第九十九条 生产经营单位未采取措施消除事故隐患的,责令立即消除或者限期消除;生产经营单位拒不执行的,责令停产停业整顿,并处十万元以上五十万元以下的罚款,对其直接负责的主管人员和其他直接责任人员处二万元以上五万元以下的罚款。

第一百条 生产经营单位将生产经营项目、场所、设备发包或者出租给不具备安全生产条件或者相应资质的单位或者个人的,责令限期改正,没收违法所得;违法所得十万元以上的,并处违法所得二倍以上五倍以下的罚款;没有违法所得或者违法所得不足十万元的,单处或者并处十万元以上二十万元以下的罚款;对其直接负责的主管人员和其他直接责任人员处一万元以上二万元以下的罚款;导致发生生产安全事故给他人造成损害的,与承包方、承租方承担连带赔偿责任。

生产经营单位未与承包单位、承租单位签订专门的安全生产管理协议或者未在承包合同、租赁合同中明确各自的安全生产管理职责,或者未对承包单位、承租单位的安全生产统一协调、管理的,责令限期改正,可以处五万元以下的罚款,对其直接负责的主管人员和其他直接责任人员可以处一万元以下的罚款;逾期未改正的,责令停产停业整顿。

第一百零一条 两个以上生产经营单位在同一作业区域内进行可能危及对方安全生产的生产经营活动,未签订安全生产管理协议或者未指定专职安全生产管理人员进行安全检查与协调的,责令限期改正,可以处五万元以下的罚款,对其直接负责的主管人员和其他直接责任人员可以处一万元以下的罚款;逾期未改正的,责令停产停业。

第一百零二条 生产经营单位有下列行为之一的,责令限期改正,可以处五万元以下的罚款,对其直接负责的主管人员和其他直接责任人员可以处一万元以下的罚款;逾期未改正的,责令停产停业整顿;构成犯罪的,依照刑法有关规定追究刑事责任:

(1)生产、经营、储存、使用危险物品的车间、商店、仓库与员工宿舍在同一座建筑内,或者与员工宿舍的距离不符合安全要求的;

(2)生产经营场所和员工宿舍未设有符合紧急疏散需要、标志明显、保持畅通的出口,或者锁闭、封堵生产经营场所或者员工宿舍出口的。

第一百零三条 生产经营单位与从业人员订立协议,免除或者减轻其对从业人员因生产安全事故伤亡依法应承担的责任的,该协议无效;对生产经营单位的主要负责人、个人经营的投资人处二万元以上十万元以下的罚款。

第一百零四条 生产经营单位的从业人员不服从管理,违反安全生产规章制度或者操作规程的,由生产经营单位给予批评教育,依照有关规章制度给予处分;构成犯罪的,依照刑法有关规定追究刑事责任。

第一百零五条 违反本法规定,生产经营单位拒绝、阻碍负有安全生产监督管理职责的部门依法实施监督检查的,责令改正;拒不改正的,处二万元以上二十万元以下的罚款;对其直接负责的主管人员和其他直接责任人员处一万元以上二万元以下的罚款;构成犯罪的,依照刑法有关规定追究刑事责任。

第一百零六条 生产经营单位的主要负责人在本单位发生生产安全事故时,不立即组织抢救或者在事故调查处理期间擅离职守或者逃匿的,给予降级、撤职的处分,并由安全生产监督管理部门处上一年年收入百分之六十至百分之一百的罚款;对逃匿的处十五日以下拘留;构成犯罪的,依照刑法有关规定追究刑事责任。

生产经营单位的主要负责人对生产安全事故隐瞒不报、谎报或者迟报的,依照前款规定处罚。

第一百零七条 有关地方人民政府、负有安全生产监督管理职责的部门,对生产安全事故隐瞒不报、谎报或者迟报的,对直接负责的主管人员和其他直接责任人员依法给予处分;构成犯罪的,依照刑法有关规定追究刑事责任。

第一百零八条 生产经营单位不具备本法和其他有关法律、行政法规和国家标准或者行业标准规定的安全生产条件,经停产停业整顿仍不具备安全生产条件的,予以关闭;有关部门应当依法吊销其有关证照。

第一百零九条 发生生产安全事故,对负有责任的生产经营单位除要求其依法承担相应的赔偿等责任外,由安全生产监督管理部门依照下列规定处以罚款:

(1)发生一般事故的,处二十万元以上五十万元以下的罚款;

(2)发生较大事故的,处五十万元以上一百万元以下的罚款;

(3)发生重大事故的,处一百万元以上五百万元以下的罚款;

(4)发生特别重大事故的,处五百万元以上一千万元以下的罚款;情节特别严重的,处一千万元以上二千万元以下的罚款。

第一百一十条　本法规定的行政处罚,由安全生产监督管理部门和其他负有安全生产监督管理职责的部门按照职责分工决定。予以关闭的行政处罚由负有安全生产监督管理职责的部门报请县级以上人民政府按照国务院规定的权限决定;给予拘留的行政处罚由公安机关依照治安管理处罚法的规定决定。

第一百一十一条　生产经营单位发生生产安全事故造成人员伤亡、他人财产损失的,应当依法承担赔偿责任;拒不承担或者其负责人逃匿的,由人民法院依法强制执行。

生产安全事故的责任人未依法承担赔偿责任,经人民法院依法采取执行措施后,仍不能对受害人给予足额赔偿的,应当继续履行赔偿义务;受害人发现责任人有其他财产的,可以随时请求人民法院执行。

二、《中华人民共和国道路交通安全法》

《中华人民共和国道路交通安全法》于2003年10月28日以中华人民共和国主席令8号发布并实施。2007年12月29日第十届全国人民代表大会常务委员会第三十一次会议《关于修改〈中华人民共和国道路交通安全法〉的决定》第一次修正,根据2011年4月22日第十一届全国人民代表大会常务委员会第二十次会议《关于修改〈中华人民共和国道路交通安全法〉的决定》第二次修正。现予公布,自2011年5月1日起施行。

该法共分8章,其相关条款如下:

(1)国家对机动车实行登记制度。机动车经公安机关交通管理部门登记后,方可上道路行驶。尚未登记的机动车,需要临时上道路行驶的,应当取得临时通行牌证。

(2)对登记后上道路行驶的机动车,应当依照法律、行政法规的规定,根据车辆用途、载客载货数量、使用年限等不同情况,定期进行安全技术检验。

(3)国家实行机动车强制报废制度,根据机动车的安全技术状况和不同用途,规定不同的报废标准。

应当报废的机动车必须及时办理注销登记。

达到报废标准的机动车不得上道路行驶。报废的大型客、货车及其他营运车辆应当在公安机关交通管理部门的监督下解体。

(4)机动车载人不得超过核定的人数,客运机动车不得违反规定载货。

(5)机动车行驶时,驾驶员、乘坐人员应当按规定使用安全带,摩托车驾驶员及乘坐人员应当按规定戴安全头盔。

(6)在道路上发生交通事故,车辆驾驶员应当立即停车,保护现场;造成人身伤亡的,车辆驾驶员应当立即抢救受伤人员,并迅速报告执勤的交通警察或者公安机关交通管理部门。因抢救受伤人员变动现场的,应当标明位置。乘车人、过往车辆驾驶员、过往行人应当予以协助。

在道路上发生交通事故,未造成人身伤亡,当事人对事实及成因无争议的,可以即行撤离现场,恢复交通,自行协商处理损害赔偿事宜;不即行撤离现场的,应当迅速报告执勤的交警或者公安机关交通管理部门。

在道路上发生交通事故,仅造成轻微财产损失,并且基本事实清楚的,当事人应当先撤离现场再进行协商处理。

(7)对交通事故损害赔偿的争议,当事人可以请求公安机关交通管理部门调解,也可以直接向人民法院提起民事诉讼。

三、《中华人民共和国道路运输条例》

《中华人民共和国道路运输条例》于 2004 年 4 月 14 日国务院第 48 次常务会议通过。2012 年 11 月 9 日《国务院关于修改和废止部分行政法规的决定》,对《中华人民共和国道路运输条例》进行修订,自 2013 年 1 月 1 日起施行。

该条例相关内容如下:

(1)申请从事客运经营的,应当具备下列条件:

①有与其经营业务相适应并经检测合格的车辆;

②有符合本条例第九条规定条件的驾驶人员;

③有健全的安全生产管理制度。

申请从事班线客运经营的,还应当有明确的线路和站点方案。

(2)从事客运经营的驾驶人员,应当符合下列条件:

①取得相应的机动车驾驶证;

②年龄不超过 60 周岁;

③3 年内无重大以上交通责任事故记录;

④经设区的市级道路运输管理机构对有关客运法律法规、机动车维修和旅客急救基本知识考试合格。

(3)客运班线的经营期限为 4 年到 8 年。经营期限届满需要延续客运班线经营许可的,应当重新提出申请。

(4)道路旅客运输企业需要终止客运经营的,应当在终止前 30 日内告知原许可机关。

(5)道路旅客运输企业应当为旅客提供良好的乘车环境,保持车辆清洁、卫生,并采取必要的措施防止在运输过程中发生侵害旅客人身、财产安全的违法行为。

(6)班线道路旅客运输企业取得道路运输经营许可证后,应当向公众连续提供运输服务,不得擅自暂停、终止或者转让班线运输。

(7)从事包车客运的,应当按照约定的起始地、目的地和线路运输。

从事旅游客运的,应当在旅游区域按照旅游线路运输。

(8)道路旅客运输企业不得强迫旅客乘车,不得甩客、敲诈旅客;不得擅自更换运输车辆。

(9)道路旅客运输企业、货运经营者应当加强对从业人员的安全教育、职业道德教育,确保道路运输安全。

道路运输从业人员应当遵守道路运输操作规程,不得违章作业。驾驶人员连续驾驶时间不得超过4个小时。

(10)道路旅客运输企业、货运经营者应当加强对车辆的维护和检测,确保车辆符合国家规定的技术标准;不得使用报废的、擅自改装的和其他不符合国家规定的车辆从事道路运输经营。

(11)道路旅客运输企业、货运经营者应当制订有关交通事故、自然灾害以及其他突发事件的道路运输应急预案。应急预案应当包括报告程序、应急指挥、应急车辆和设备的储备以及处置措施等内容。

(12)发生交通事故、自然灾害以及其他突发事件,道路旅客运输企业和货运经营者应当服从县级以上人民政府或者有关部门的统一调度、指挥。

(13)道路旅客运输企业、危险货物运输经营者,应当分别为旅客或者危险货物投保承运人责任险。

四、《生产安全事故报告和调查处理条例》

《生产安全事故报告和调查处理条例》于2007年3月28日国务院第172次常务会议通过并公布,自2007年6月1日起施行。

该条例共6章46条,包括总则、事故报告、事故调查、事故处理、法律责任和附则。其相关规定如下:

(1)事故报告应当及时、准确、完整,任何单位和个人对事故不得迟报、漏报、谎报或者瞒报。

事故调查处理应当坚持实事求是、尊重科学的原则,及时、准确地查清事故经过、事故原因和事故损失,查明事故性质,认定事故责任,总结事故教训,提出整改措施,并对事故责任者依法追究责任。

(2)根据生产安全事故(以下简称事故)造成的人员伤亡或者直接经济损失,事故一般分为以下等级:

①特别重大事故,是指造成30人以上死亡,或者100人以上重伤(包括急性工业中毒,下同),或者1亿元以上直接经济损失的事故;

②重大事故,是指造成10人以上30人以下死亡,或者50人以上100人以下重伤,或者5000万元以上1亿元以下直接经济损失的事故;

③较大事故,是指造成3人以上10人以下死亡,或者10人以上50人以下重伤,或者1000万元以上5000万元以下直接经济损失的事故;

④一般事故,是指造成3人以下死亡,或者10人以下重伤,或者1000万元以下直接经济损失的事故。

(3)事故发生后,事故现场有关人员应当立即向本单位负责人报告;单位负责人接到报告后,应当于1小时内向事故发生地县级以上人民政府安全生产监督管理部门和负有安全生产监督管理职责的有关部门报告。

情况紧急时,事故现场有关人员可以直接向事故发生地县级以上人民政府安全生产监督管理部门和负有安全生产监督管理职责的有关部门报告。

（4）报告事故应当包括下列内容：

①事故发生单位概况；

②事故发生的时间、地点以及事故现场情况；

③事故的简要经过；

④事故已经造成或者可能造成的伤亡人数（包括下落不明的人数）和初步估计的直接经济损失；

⑤已经采取的措施；

⑥其他应当报告的情况。

（5）事故报告后出现新情况的，应当及时补报。

自事故发生之日起30日内，事故造成的伤亡人数发生变化的，应当及时补报。道路交通事故、火灾事故自发生之日起7日内，事故造成的伤亡人数发生变化的，应当及时补报。

（6）事故发生单位负责人接到事故报告后，应当立即启动事故相应应急预案；或者采取有效措施，组织抢救，防止事故扩大，减少人员伤亡和财产损失。

（7）事故发生后，有关单位和人员应当妥善保护事故现场以及相关证据，任何单位和个人不得破坏事故现场、毁灭相关证据。

因抢救人员、防止事故扩大以及疏通交通等原因，需要移动事故现场物件的，应当做出标志，绘制现场简图并做出书面记录，妥善保存现场重要痕迹、物证。

（8）事故调查组有权向有关单位和个人了解与事故有关的情况，并要求其提供相关文件、资料，有关单位和个人不得拒绝。

事故发生单位的负责人和有关人员在事故调查期间不得擅离职守，并应当随时接受事故调查组的询问，如实提供有关情况。

事故调查中发现涉嫌犯罪的，事故调查组应当及时将有关材料或者其复印件移交司法机关处理。

（9）事故发生单位应当按照负责事故调查的人民政府的批

复,对本单位负有事故责任的人员进行处理。

负有事故责任的人员涉嫌犯罪的,依法追究刑事责任。

(10)事故发生单位应当认真吸取事故教训,落实防范和整改措施,防止事故再次发生。防范和整改措施的落实情况应当接受工会和职工的监督。

五、《道路旅客运输及客运站管理规定》

2005年7月12日交通部发布,根据2016年4月11日交通运输部《关于修改〈道路旅客运输及客运站管理规定〉的决定》第五次修正。

1)申请从事道路客运经营的,应当具备下列条件:

(1)有与其经营业务相适应并经检测合格的客车:

①客车技术要求应当符合《道路运输车辆技术管理规定》有关规定。

②从事高速公路客运、旅游客运和营运线路长度在800公里以上的客运车辆,其车辆类型等级应当达到行业标准《营运客车类型划分及等级评定》规定的中级以上。

③客车数量要求:

a.经营一类客运班线的班车客运经营者应当自有营运客车100辆以上、客位3000个以上,其中高级客车在30辆以上、客位900个以上;或者自有高级营运客车40辆以上、客位1200个以上。

b.经营二类客运班线的班车客运经营者应当自有营运客车50辆以上、客位1500个以上,其中中高级客车在15辆以上、客位450个以上;或者自有高级营运客车20辆以上、客位600个以上。

c.经营三类客运班线的班车客运经营者应当自有营运客车10辆以上、客位200个以上。

d. 经营四类客运班线的班车客运经营者应当自有营运客车 1 辆以上。

e. 经营省际包车客运的经营者,应当自有中高级营运客车 20 辆以上、客位 600 个以上。

f. 经营省内包车客运的经营者,应当自有营运客车 5 辆以上、客位 100 个以上。

(2)从事客运经营的驾驶人员,应当符合下列条件:

①取得相应的机动车驾驶证;

②年龄不超过 60 周岁;

③3 年内无重大以上交通责任事故记录;

④经设区的市级道路运输管理机构对有关客运法规、机动车维修和旅客急救基本知识考试合格而取得相应从业资格证。

(3)有健全的安全生产管理制度,包括安全生产操作规程、安全生产责任制、安全生产监督检查、驾驶人员和车辆安全生产管理的制度。

(4)申请从事道路客运班线经营,还应当有明确的线路和站点方案。

2)客运经营者应当按照道路运输管理机构决定的许可事项从事客运经营活动,不得转让、出租道路运输经营许可证件。

3)道路客运班线属于国家所有的公共资源。班线客运经营者取得经营许可后,应当向公众提供连续运输服务,不得擅自暂停、终止或者转让班线运输。

4)客运班车应当按照许可的线路、班次、站点运行,在规定的途经站点进站上下旅客,无正当理由不得改变行驶线路,不得站外上客或者沿途揽客。经许可机关同意,在农村客运班线上运营的班车可采取区域经营、循环运行、设置临时发车点等灵活的方式运营。

本规定所称农村客运班线,是指县内或者毗邻县间至少有一端在乡村的客运班线。

5）客运经营者不得强迫旅客乘车，不得中途将旅客交给他人运输或者甩客，不得敲诈旅客，不得擅自更换客运车辆，不得阻碍其他经营者的正常经营活动。

6）严禁客运车辆超载运行，在载客人数已满的情况下，允许再搭乘不超过核定载客人数10%的免票儿童。客运车辆不得违反规定载货。

7）客运经营者应当为旅客提供良好的乘车环境，确保车辆设备、设施齐全有效，保持车辆清洁、卫生，并采取必要的措施防止在运输过程中发生侵害旅客人身、财产安全的违法行为。当运输过程中发生侵害旅客人身、财产安全的治安违法行为时，客运经营者在自身能力许可的情况下，应当及时向公安机关报告并配合公安机关及时终止治安违法行为。客运经营者不得在客运车辆上从事播放淫秽录像等不健康的活动。

8）鼓励客运经营者使用配置下置行李舱的客车从事道路客运。没有下置行李舱或者行李舱容积不能满足需要的客车车辆，可在客车车厢内设立专门的行李堆放区，但行李堆放区和乘客区必须隔离，并采取相应的安全措施。严禁行李堆放区载客。

9）客运经营者应当为旅客投保承运人责任险。

10）客运经营者应当加强对从业人员的安全、职业道德教育和业务知识、操作规程培训。并采取有效措施，防止驾驶人员连续驾驶时间超过4个小时。

客运车辆驾驶人员应当遵守道路运输法规和道路运输驾驶员操作规程，安全驾驶，文明服务。

11）客运经营者应当制定突发公共事件的道路运输应急预案。应急预案应当包括报告程序、应急指挥、应急车辆和设备的储备以及处置措施等内容。

发生突发公共事件时，客运经营者应当服从县级及以上人民政府或者有关部门的统一调度、指挥。

12）客运经营者应当建立和完善各类台账和档案，并按要求及时报送有关资料和信息。

13）客运车辆驾驶人员应当随车携带《道路运输证》、从业资格证等有关证件，在规定位置放置客运标志牌。客运班车驾驶人员还应当随车携带《道路客运班线经营许可证明》。

14）客运车辆可凭临时客运标志牌运行的几种情况：
（1）原有正班车已经满载，需要开行加班车的；
（2）因车辆抛锚、维护等原因，需要接驳或者顶班的；
（3）正式班车客运标志牌正在制作或者不慎灭失，等待领取的。

六、《安全生产事故隐患排查治理暂行规定》

《安全生产事故隐患排查治理暂行规定》于2007年12月28日由国家安全生产监督管理总局以第16号令公布，自2008年2月1日起施行。其相关内容如下：

（1）事故隐患分为一般事故隐患和重大事故隐患。一般事故隐患，是指危害和整改难度较小，发现后能够立即整改排除的隐患。重大事故隐患，是指危害和整改难度较大，应当全部或者局部停产停业，并经过一定时间整改治理方能排除的隐患，或者因外部因素影响致使生产经营单位自身难以排除的隐患。

（2）生产经营单位应当建立健全事故隐患排查治理制度。生产经营单位主要负责人对本单位事故隐患排查治理工作全面负责。

（3）生产经营单位是事故隐患排查、治理和防控的责任主体。

生产经营单位应当建立健全事故隐患排查治理和建档监控等制度，逐级建立并落实从主要负责人到每个从业人员的隐患排查治理和监控责任制。

（4）生产经营单位应当保证事故隐患排查治理所需的资金，建立资金使用专项制度。

（5）生产经营单位应当定期组织安全生产管理人员、工程技术人员和其他相关人员排查本单位的事故隐患。对排查出的事故隐患，应当按照事故隐患的等级进行登记，建立事故隐患信息档案，并按照职责分工实施监控治理。

（6）生产经营单位应当建立事故隐患报告和举报奖励制度，鼓励、发动职工发现和排除事故隐患，鼓励社会公众举报。对发现、排除和举报事故隐患的有功人员，应当给予物质奖励和表彰。

（7）生产经营单位应当每季、每年对本单位事故隐患排查治理情况进行统计分析，并分别于下一季度15日前和下一年1月31日前向安全监管监察部门和有关部门报送书面统计分析表。统计分析表应当由生产经营单位主要负责人签字。

对于重大事故隐患，生产经营单位除依照前款规定报送外，应当及时向安全监管监察部门和有关部门报告。重大事故隐患报告内容应当包括：

①隐患的现状及其产生原因；

②隐患的危害程度和整改难易程度分析；

③隐患的治理方案。

（8）生产经营单位及其主要负责人未履行事故隐患排查治理职责，导致发生生产安全事故的，依法给予行政处罚。

（9）生产经营单位违反本规定，有下列行为之一的，由安全监管监察部门给予警告，并处三万元以下的罚款：

①未建立安全生产事故隐患排查治理等各项制度的；

②未按规定上报事故隐患排查治理统计分析表的；

③未制订事故隐患治理方案的；

④重大事故隐患不报或者未及时报告的；

⑤未对事故隐患进行排查治理擅自生产经营的;

⑥整改不合格或者未经安全监管监察部门审查同意擅自恢复生产经营的。

七、《交通运输突发事件应急管理规定》

《交通运输突发事件应急管理规定》于 2011 年 11 月 14 日由交通运输部以第 9 号令公布,自 2012 年 1 月 1 日起施行。其相关内容如下:

(1)国务院交通运输主管部门主管全国交通运输突发事件应急管理工作。县级以上各级交通运输主管部门按照职责分工负责本辖区内交通运输突发事件应急管理工作。

(2)交通运输企业应当按照所在地交通运输主管部门制订的交通运输突发事件应急预案,制订本单位交通运输突发事件应急预案。

(3)应急预案应当根据有关法律、法规的规定,针对交通运输突发事件的性质、特点、社会危害程度以及可能需要提供的交通运输应急保障措施,明确应急管理的组织指挥体系与职责、监测与预警、处置程序、应急保障措施、恢复与重建、培训与演练等具体内容。

(4)应急预案的制订、修订程序应当符合国家相关规定。应急预案涉及其他相关部门职能的,在制订过程中应当征求各相关部门的意见。

(5)应急预案应当根据实际需要、情势变化和演练验证,适时修订。

(6)交通运输企业应当根据实际需要,建立由本单位职工组成的专职或者兼职应急队伍。

(7)交通运输企业应当将本单位应急装备、应急物资、运力储备和应急队伍的实时情况及时报所在地交通运输主管部门备案。

（8）所有列入应急队伍的交通运输应急人员，其所属单位应当为其购买人身意外伤害保险，配备必要的防护装备和器材，减少应急人员的人身风险。

（9）交通运输企业应当按照交通运输主管部门制订的应急预案的有关要求，制订年度应急培训计划，组织开展应急培训工作。

（10）交通运输主管部门、交通运输企业应当根据本地区、本单位交通运输突发事件的类型和特点，制订应急演练计划，定期组织开展交通运输突发事件应急演练。

（11）交通运输企业应当安排应急专项经费，保障交通运输突发事件应急工作的需要。应急专项资金和经费主要用于应急预案编制及修订、应急培训演练、应急装备和队伍建设、日常应急管理、应急宣传以及应急处置措施等。

（12）交通运输企业应当组织开展企业内交通运输突发事件危险源辨识、评估工作，采取相应安全防范措施，加强危险源监控与管理，并按规定及时向交通运输主管部门报告。

（13）交通运输主管部门、交通运输企业应当建立应急值班制度，根据交通运输突发事件的种类、特点和实际需要，配备必要值班设施和人员。

（14）交通运输企业应当加强对本单位应急设备、设施、队伍的日常管理，保证应急处置工作及时、有效开展。

（15）交通运输突发事件应急处置过程中，交通运输企业应当接受交通运输主管部门的组织、调度和指挥。

八、《道路运输车辆动态监督管理办法》

《道路运输车辆动态监督管理办法》由交通运输部、公安部、国家安监总局联合制定，并于2013年12月16日经交通运输部第

13次部务会议通过,于2014年1月28日公布,自2014年7月1日起实施。其相关内容如下:

(1)道路运输车辆卫星定位系统平台应当符合以下标准要求:

①《道路运输车辆卫星定位系统平台技术要求》(JT/T 796);

②《道路运输车辆卫星定位系统终端通讯协议及数据格式》(JT/T 808);

③《道路运输车辆卫星定位系统平台数据交换》(JT/T 809)。

(2)在道路运输车辆上安装的卫星定位装置应符合以下标准要求:

①《道路运输车辆卫星定位系统车载终端技术要求》(JT/T 794);

②《道路运输车辆卫星定位系统终端通讯协议及数据格式》(JT/T 808);

③《机动车运行安全技术条件》(GB 7258);

④《汽车行驶记录仪》(GB/T 19056)。

(3)道路运输车辆卫星定位系统平台和车载终端应当通过有关专业机构的标准符合性技术审查。对通过标准符合性技术审查的系统平台和车载终端,由交通运输部发布公告。

(4)道路旅客运输企业、道路危险货物运输企业和拥有50辆及以上重型载货汽车或者牵引车的道路货物运输企业,应当按照标准建设道路运输车辆动态监控平台,或者使用符合条件的社会化卫星定位系统监控平台(以下统称监控平台),对所属道路运输车辆和驾驶员运行过程进行实时监控和管理。

(5)道路运输企业新建或者变更监控平台,在投入使用前应当通过有关专业机构的系统平台标准符合性技术审查,并向原发放《道路运输经营许可证》的道路运输管理机构备案。

(6)旅游客车、包车客车、三类以上班线客车和危险货物运输车辆在出厂前应当安装符合标准的卫星定位装置。重型载货汽车和半挂牵引车在出厂前应当安装符合标准的卫星定位装置,并接入全国道路货运车辆公共监管与服务平台(以下简称道路货运车辆公共平台)。车辆制造企业为道路运输车辆安装符合标准的卫星定位装置后,应当随车附带相关安装证明材料。

(7)道路运输经营者应当选购安装符合标准的卫星定位装置的车辆,并接入符合要求的监控平台。

(8)道路运输企业应当在监控平台中完整、准确地录入所属道路运输车辆和驾驶人员的基础资料等信息,并及时更新。

(9)道路旅客运输企业和道路危险货物运输企业监控平台,应当接入全国重点营运车辆联网联控系统(以下简称联网联控系统),并按照要求将车辆行驶的动态信息和企业、驾驶人员、车辆的相关信息逐级上传至全国道路运输车辆动态信息公共交换平台。

(10)道路运输管理机构在办理营运手续时,应当对道路运输车辆安装卫星定位装置及接入系统平台的情况进行审核。

(11)对新出厂车辆已安装的卫星定位装置,任何单位和个人不得随意拆卸。除危险货物运输车辆接入联网联控系统监控平台时按照有关标准要求进行相应设置以外,不得改变货运车辆车载终端监控中心的域名设置。

(12)任何单位、个人不得擅自泄露、删除、篡改卫星定位系统平台的历史和实时动态数据。

(13)道路运输企业是道路运输车辆动态监控的责任主体。

(14)道路旅客运输企业、道路危险货物运输企业和拥有50辆及以上重型载货汽车或牵引车的道路货物运输企业应当配备专职监控人员。专职监控人员配置原则上按照监控平台每接入100辆车设1人的标准配备,最低不少于2人。监控人员应当掌握国家相关法规和政策,经运输企业培训、考试合格后上岗。

（15）道路运输企业应当建立健全动态监控管理相关制度，规范动态监控工作：

①系统平台的建设、维护及管理制度；

②车载终端安装、使用及维护制度；

③监控人员岗位职责及管理制度；

④交通违法动态信息处理和统计分析制度；

⑤其他需要建立的制度。

（16）道路运输企业应当根据法律法规的相关规定以及车辆行驶道路的实际情况，按照规定设置监控超速行驶和疲劳驾驶的限值，以及核定运营线路、区域及夜间行驶时间等，在所属车辆运行期间对车辆和驾驶员进行实时监控和管理。

设置超速行驶和疲劳驾驶的限值，应当符合客运驾驶员 24 小时累计驾驶时间原则上不超过 8 小时，日间连续驾驶不超过 4 小时，夜间连续驾驶不超过 2 小时，每次停车休息时间不少于 20 分钟，客运车辆夜间行驶速度不得超过日间限速 80% 的要求。

（17）监控人员应当实时分析、处理车辆行驶动态信息，及时提醒驾驶员纠正超速行驶、疲劳驾驶等违法行为，并记录存档至动态监控台账；对经提醒仍然继续违法驾驶的驾驶员，应当及时向企业安全管理机构报告，安全管理机构应当立即采取措施制止；对拒不执行制止措施仍然继续违法驾驶的，道路运输企业应当及时报告公安机关交通管理部门，并在事后解聘驾驶员。

动态监控数据应当至少保存 6 个月，违法驾驶信息及处理情况应当至少保存 3 年。对存在交通违法信息的驾驶员，道路运输企业在事后应当及时给予处理。

（18）道路运输经营者应当确保卫星定位装置正常使用，保持车辆运行实时在线。

卫星定位装置出现故障不能保持在线的道路运输车辆，道路运输经营者不得安排其从事道路运输经营活动。

(19)任何单位和个人不得破坏卫星定位装置以及恶意人为干扰、屏蔽卫星定位装置信号,不得篡改卫星定位装置数据。

(20)卫星定位系统平台应当提供持续、可靠的技术服务,保证车辆动态监控数据真实、准确,确保提供监控服务的系统平台安全、稳定运行。

(21)道路运输车辆发生交通事故的,道路运输企业或者道路货运车辆公共平台负责单位应当在接到事故信息后立即封存车辆动态监控数据,配合事故调查,如实提供肇事车辆动态监控数据;肇事车辆安装车载视频装置的,还应当提供视频资料。

(22)鼓励各地利用卫星定位装置,对营运驾驶员安全行驶里程进行统计分析,开展安全行车驾驶员竞赛活动。

(23)违反本办法的规定,道路运输企业有下列情形之一的,由县级以上道路运输管理机构责令改正。拒不改正的,处3000元以上8000元以下罚款:

①道路运输企业未使用符合标准的监控平台、监控平台未接入联网联控系统、未按规定上传道路运输车辆动态信息的;

②未建立或者未有效执行交通违法动态信息处理制度、对驾驶员交通违法处理率低于90%的;

③未按规定配备专职监控人员的。

(24)违反本办法的规定,道路运输经营者使用卫星定位装置出现故障不能保持在线的运输车辆从事经营活动的,由县级以上道路运输管理机构责令改正。拒不改正的,处800元罚款。

(25)违反本办法的规定,有下列情形之一的,由县级以上道路运输管理机构责令改正,处2000元以上5000元以下罚款:

①破坏卫星定位装置以及恶意人为干扰、屏蔽卫星定位装置信号的;

②伪造、篡改、删除车辆动态监控数据的。

九、《道路旅客运输企业安全管理规范(试行)》

中华人民共和国交通运输部、中华人民共和国公安部、国家安全生产监督管理总局下达了《关于印发道路旅客运输企业安全管理规范(试行)的通知》(交运发〔2012〕33号)。规范的相关内容如下：

(1)道路旅客运输企业及分支机构应当依法设置安全生产领导机构和管理机构,配备与本单位安全生产工作相适应的专职安全管理人员。

(2)道路旅客运输企业安全生产领导机构应当包括企业主要负责人,运输经营、安全管理、车辆管理、从业人员管理等部门负责人及分支机构的主要负责人。

拥有10辆以上(含)营运客车的道路旅客运输企业应当设置专门的安全生产管理机构,配备专职安全管理人员。拥有10辆以下营运客车的道路旅客运输企业应当配备专职安全管理人员。原则上按照每20辆车1人的标准配备专职安全管理人员,最低不少于1人。

(3)安全管理人员应当具有高中以上文化程度,具有在道路客运行业三年以上从业经历,掌握道路旅客运输安全生产相关政策和法规,经相关部门统一培训且考核合格,持证上岗。

(4)安全管理人员应当定期参加相关管理部门组织的培训,且每年参加脱产培训的时间不少于24学时。

(5)道路旅客运输企业应当定期召开安全生产工作会议和例会,分析安全形势,安排各项安全生产工作,研究解决安全生产中的重大问题。安全工作会议至少每季度召开一次,安全例会至少每月召开一次。特别是发生较大及以上事故后,应及时召开安全分析通报会。安全生产工作会议和例会应当有会议记录,会议记录应建档保存,保存期不少于3年。

(6)道路旅客运输企业应当保障安全生产投入,按照《高危行业企业安全生产费用财务管理暂行办法》或地方政府的有关规定,按不低于营业收入的0.5%的比例提取、设立安全生产专项资金。

安全生产专项资金主要用于完善、改造、维护安全运营设施和设备,配备应急救援器材、设备和人员安全防护用品,开展安全宣传教育、安全培训,进行安全检查与隐患治理,开展应急救援演练等各项工作的费用支出。安全生产专项资金的使用应建立独立的台账。

(7)道路旅客运输企业应当按照《机动车交通事故责任强制保险条例》和《中华人民共和国道路运输条例》的规定,为营运车辆投保机动车交通事故责任强制保险以及为旅客投保承运人责任险。

(8)鼓励道路旅客运输企业积极探索、完善安全统筹行业互助形式,提高企业抗风险的能力。

(9)道路旅客运输企业应当依法建立健全安全生产目标管理,并将本单位的安全生产责任目标分解到各部门、各岗位,明确责任人员、责任内容和考核奖惩要求。

安全生产目标管理内容应当包括:
①主要负责人的安全生产责任、目标;
②分管安全生产和运输经营的负责人的安全生产责任、目标;
③管理科室、分公司等部门及其负责人的安全生产责任、目标;
④车队和车队队长的安全生产责任、目标;
⑤岗位从业人员的安全生产责任、目标。

(10)道路旅客运输企业应当与各分支机构层层签订安全生

产目标责任书,制订明确的考核指标,定期考核并公布考核结果及奖惩情况。

(11)道路旅客运输企业应实行安全生产一岗双责。道路旅客运输企业的主要负责人是安全生产的第一责任人,负有安全生产的全面责任;分管安全生产的负责人协助主要负责人履行安全生产职责,对安全生产工作负组织实施和综合管理及监督的责任;其他负责人对各自职责范围内的安全生产工作负直接管理责任。企业各职能部门、各岗位人员在职责范围内承担相应的安全生产职责。

(12)道路旅客运输企业的主要负责人对本单位安全生产工作负有下列职责:

①严格执行安全生产的法律、法规、规章、规范和标准,组织落实相关管理部门的工作部署和要求;

②建立健全本单位安全生产责任制,组织制定并落实本单位安全生产规章制度、客运驾驶员和车辆安全生产管理办法,落实安全生产操作规程;

③依法建立适应安全生产工作需要的安全生产管理机构,确定符合条件的分管安全生产的负责人、技术负责人,配备专职安全管理人员;

④按规定足额提取安全生产专项资金,保证本单位安全生产投入的有效实施;

⑤督促、检查本单位安全生产工作,及时消除生产安全事故隐患;

⑥组织开展本单位的安全生产教育培训工作;

⑦组织开展安全生产标准化建设;

⑧组织制订并实施本单位的生产安全事故应急救援预案,建立应急救援组织,开展应急救援演练;

⑨定期组织分析企业安全生产形势,研究解决重大问题;

⑩按相关规定报告道路旅客运输生产安全事故,严格按照"事故原因不查清不放过、事故责任者得不到处理不放过、整改措施不落实不放过、教训不吸取不放过"原则,严肃处理事故责任人,落实生产安全事故处理的有关工作;

⑪实行安全生产目标管理,定期公布本单位安全生产情况,认真听取和积极采纳工会、职工关于安全生产的合理化建议和要求。

(13)道路旅客运输企业的安全生产管理机构及安全管理人员,负有下列职责:

①监督执行安全生产法律、法规和标准,参与企业安全生产决策。

②制定本单位安全生产规章制度、客运驾驶员和车辆安全生产管理办法、操作规程和相关技术规范,明确各部门、各岗位的安全生产职责,督促贯彻执行。

③制订本单位安全生产年度管理目标和安全生产管理工作计划,组织实施考核工作,参与本单位安全生产事故应急预案的制订和演练,参与企业营运车辆的选型和客运驾驶员的招聘等安全运营工作。

④制订本单位安全生产经费投入计划和安全技术措施计划,组织实施或监督相关部门实施。

⑤组织开展本单位的安全生产检查,对检查出的安全隐患及其他安全问题应当督促相关部门立即处理,情况严重的,责令停止生产活动,并立即上报。对相关管理部门抄告、通报的车辆和客运驾驶员交通违法行为,进行及时处理。

⑥组织实施本单位安全生产宣传、教育和培训,总结和推广安全生产工作的先进经验。

⑦发生生产安全事故时,按照《生产安全事故报告和调查处理条例》等有关规定,及时报告相关部门;组织或者参与本单位生

产安全事故的调查处理,承担生产安全事故统计和分析工作。

⑧其他安全生产管理工作。

(14)道路旅客运输企业应当履行法律、法规规定的其他安全生产职责。

(15)道路旅客运输企业应当建立客运驾驶员聘用制度。依照劳动合同法,严格客运驾驶员录用条件,统一录用程序,对客运驾驶员进行面试,审核客运驾驶员安全行车经历和从业资格条件,积极实施驾驶适宜性检测,明确新录用客运驾驶员的试用期。客运驾驶员的录用应当经过企业安全生产管理部门的审核,并录入企业动态监控平台(或监控端)。

(16)对三年内发生道路交通事故致人死亡且负同等以上责任的,交通违法记分有满分记录的,以及有酒后驾驶、超员20%、超速50%或12个月内有三次以上超速违法记录的驾驶员,道路旅客运输企业不得聘用其驾驶客运车辆。

(17)道路旅客运输企业应当建立客运驾驶员岗前培训制度。

岗前培训的主要内容包括:国家道路交通安全和安全生产相关法律法规、安全行车知识、典型交通事故案例警示教育、职业道德、安全告知知识、应急处置知识、企业有关安全运营管理的规定等。客运驾驶员岗前理论培训不少于12学时,实际驾驶操作不少于30学时,并要提前熟悉和了解客运车辆性能和客运线路情况。

(18)道路旅客运输企业应当建立客运驾驶员安全教育、培训及考核制度。定期对客运驾驶员开展法律法规、典型交通事故案例警示、技能训练、应急处置等教育培训。客运驾驶员应当每月接受不少于2次,每次不少于1小时的教育培训。道路旅客运输企业应当组织和督促本企业的客运驾驶员参加继续教育,保证客运驾驶员参加教育和培训的时间,提供必要的学习条件。

道路旅客运输企业应在客运驾驶员接受教育与培训后,对客运驾驶员教育与培训的效果进行考核。客运驾驶员教育与培训考核的有关资料应纳入客运驾驶员教育与培训档案。客运驾驶员教育与培训档案的内容应包括：教育或培训的内容、培训时间、培训地点、授课人、参加培训人员的签名、考核人员、安全管理人员的签名、培训考试情况等。档案保存期限不少于3年。

道路旅客运输企业应当每月查询一次客运驾驶员的违法和事故信息，及时进行针对性的教育和处理。

（19）道路旅客运输企业应当建立客运驾驶员从业行为定期考核制度。客运驾驶员从业行为定期考核的内容主要包括：客运驾驶员违法驾驶情况、交通事故情况、服务质量、安全运营情况、安全操作规程执行情况、参加教育与培训情况以及客运驾驶员心理和生理健康状况等。考核的周期不大于3个月。客运驾驶员从业行为定期考核的结果应与企业安全生产奖惩制度挂钩。

（20）道路旅客运输企业应当建立客运驾驶员信息档案管理制度。客运驾驶员信息档案实行一人一档，包括客运驾驶员基本信息、客运驾驶员体检表、安全驾驶信息、诚信考核信息等情况。

（21）道路旅客运输企业应当建立客运驾驶员调离和辞退制度。对交通违法记满分、诚信考核不合格以及从业资格证被吊销的客运驾驶员要及时调离或辞退。

道路旅客运输企业应当建立客运驾驶员安全告诫制度。安全管理人员对客运驾驶员出车前进行问询、告知，督促客运驾驶员做好对车辆的日常维护和检查，防止客运驾驶员酒后、带病或者带不良情绪上岗。

（22）道路旅客运输企业应当建立防止客运驾驶员疲劳驾驶制度。关心客运驾驶员的身心健康，定期组织客运驾驶员进行体检，为客运驾驶员创造良好的工作环境，合理安排运输任务，防止客运驾驶员疲劳驾驶。

（23）道路旅客运输企业应当加强车辆技术管理，确保营运车辆处于良好的技术状况。

（24）道路旅客运输企业不得使用已达到报废标准、检测不合格、非法拼（改）装等不符合运行安全技术条件的客车以及其他不符合国家规定的车辆从事道路旅客运输经营。

（25）道路旅客运输企业应当设立负责车辆技术管理的机构，配备专业车辆技术管理人员。

拥有10辆以上（含）营运客车的道路旅客运输企业应当设置专门的车辆技术管理机构，配备专业车辆技术管理人员；拥有10辆以下营运客车的道路旅客运输企业应当配备专业车辆技术管理人员。

（26）道路旅客运输企业应当按照国家规定建立营运车辆技术档案，实行一车一档，实现车辆从购置到退出市场的全过程管理。

道路旅客运输企业应当逐步建立车辆技术信息化管理系统，完善营运车辆的技术管理。

（27）道路旅客运输企业应当建立车辆维护制度，企业车辆技术管理机构应制订车辆维护计划，保证车辆按照国家有关规定、技术规范以及企业的相关规定进行维护。

车辆的日常维护由客运驾驶员或专门人员在每日出车前、行车中、收车后执行。一级维护和二级维护应由具备资质条件的车辆维修企业执行。

（28）道路旅客运输企业应当定期检查车内安全带、安全锤、灭火器、故障车警告标志的配备是否齐全有效，确保安全出口通道畅通，应急门、应急顶窗开启装置有效，开启顺畅，并在车内明显位置标示客运车辆行驶区间和线路、经批准的停靠站点。

道路旅客运输企业应当在车厢内前部、中部、后部明显位置标示客运车辆车牌号码、核定载客人数和投诉举报座机、手机电话，方便旅客监督举报。

第一章 安全生产法律法规

（29）道路旅客运输企业应当按照国家有关规定建立车辆安全技术状况检测和年度审验、检验制度，严格执行营运车辆综合性能检测和技术等级评定制度，确保车辆符合安全技术条件。逾期未年审、年检或年审、年检不合格的车辆禁止上路行驶。

（30）道路旅客运输车辆改型与报废应当严格执行国家规定的条件要求。对达到国家规定的报废标准或者检测不符合国家强制性要求的客运车辆，不得继续从事客运经营。道路旅客运输企业应当在车辆报废期满前，将车辆交售给机动车回收企业，并及时办理车辆注销登记。车辆报废相关材料应至少保存2年。

（31）道路旅客运输企业应当对客运车辆牌证实施统一管理，建立派车单制度。车辆发班前，企业应对车辆的技术状况进行检查，合格后，企业签发派车单，由客运驾驶员领取派车单和车辆运营牌证。在营运中，客运驾驶员应如实填写派车单相关内容，营运客车完成运输任务后，企业及时收回派车单和运营单证。

派车单的主要内容包括：由企业填写的车辆、客运驾驶员、线路基本信息，始发点（站）中途停靠点（站），终点（站），批准签发人。由客运驾驶员填写的旅客人数，运行距离和时间，途中休息时间，天气和道路状况，以及行车中发生的车辆故障、事故等。派车单应存档保存，时间不少于1年。

（32）道路旅客运输企业应自备或租用停车场所，对停放的营运车辆进行统一管理。

（33）道路旅客运输企业应当按相关规定，为其营运客车安装符合标准的卫星定位装置（卧铺客车应安装符合标准且具有视频功能的卫星定位装置），接入符合标准的监控平台或监控端，并有效接入全国重点营运车辆联网联控系统。

（34）道路旅客运输企业应当建立卫星定位装置及监控平台的安装、使用管理制度，建立动态监控工作台账，规范卫星定位装置及监控平台的安装、管理、使用工作，履行监控主体责任。

（35）道路旅客运输企业应当配备或聘请专职人员负责实时监控车辆行驶动态，记录分析处理动态信息，及时提醒、提示违规行为。对违法驾驶信息及处理情况要留存在案，其中监控数据应当至少保存1个月，违法驾驶信息及处理情况应当至少保存3年。

（36）道路旅客运输企业应当按照法律规定设置的道路通行最高车速限值以及车辆行驶道路的实际情况，合理设置相应路段的车辆行驶速度限速标准。对异常停车、超速行驶、疲劳驾驶、逆向行驶、不按规定线路行驶等违法、违规行为及时给予警告和纠正，并事后进行处理。

（37）道路旅客运输企业应当确保卫星定位装置正常使用，保持车辆运行时在线。

道路旅客运输企业应当对故意遮挡车载卫星定位装置信号、破坏车载卫星定位装置的驾驶人员，以及不严格监控车辆行驶动态的值守人员给予处罚，严重的应调离相应岗位，直至辞退。

（38）道路旅客运输企业应当运用动态监控手段做好营运车辆的组织调度，并及时发送重特大道路交通事故通报、安全提示、预警信息。

（39）鼓励有条件的道路旅客运输企业积极通过科技手段，加强动态监控工作。

（40）道路旅客运输企业在申请线路经营时应当进行实际线路考察，按照许可的要求投放营运车辆。

道路旅客运输企业应当建立每一条客运线路的交通状况、限速情况、气候条件、沿线安全隐患路段情况等信息台账，并提供给客运驾驶员。

（41）道路旅客运输企业在安排运输任务时应当严格要求客运驾驶员在24小时内累计驾驶时间不得超过8小时（特殊情况下可延长2小时，但每月延长的总时间不超过36小时），连续驾驶时间不得超过 4 小时,每次停车休息时间不少于 20 分钟。

对于单程运行里程超过 400 公里(高速公路直达客运 600 公里)的客运车辆,企业应当配备两名以上客运驾驶员。对于超长线路运行的客运车辆,企业要积极探索接驳运输的方式,创造条件,保证客运驾驶员停车换人、落地休息。对于长途卧铺客车,企业要合理安排班次,尽量减少夜间运行时间。

(42)对于三级以下(含三级)山区公路达不到夜间安全通行要求的路段,道路旅客运输企业不应在夜间(晚 22 时至早 6 时)安排营运客车在该路段运行。

(43)道路旅客运输企业应当规范运输经营行为。

班线客车要严格按照许可的线路、班次、站点运行,在规定的停靠站点上下旅客,不得随意站外上客或揽客,不得超员运输。驾乘人员要对途中上车的旅客进行危险品检查,行李堆放区和乘客区要隔离,不得在行李堆放区内载客。

客运包车要凭包车客运标志牌,按照约定的时间、起始地、目的地和线路,持包车票或包车合同运行,不得承运包车合同约定之外的旅客。驾乘人员要对旅客携带物品进行安全检查。

道路旅客运输企业不得挂靠经营,不得违法转租、转让客运车辆和线路牌。

(44)道路旅客运输企业应当对途经高速公路的营运客车乘客座椅安装符合标准的安全带。驾乘人员负责做好宣传工作,发车前、行驶中要督促乘客系好安全带。

(45)道路旅客运输企业应当与汽车客运站签订进站协议,明确双方的安全责任,严格遵守汽车客运站安全生产的有关规定。

(46)道路旅客运输企业应当根据关键岗位的特点,分类制定安全生产操作规程,并监督员工严格执行,推行安全生产标准化作业。

(47)道路旅客运输企业应当制定客运驾驶员行车操作规程,

客运驾驶员行车操作规程的内容应至少包括:"出车前、行车中、收车后"的车辆技术状况检查、开车前向旅客的安全告知、高速公路及特殊路段行车注意事项、恶劣天气下的行车注意事项、夜间行车注意事项、应急驾驶操作程序、进出客运站注意事项等。

(48)道路运输企业应当制定车辆日常安全检查操作规程,车辆日常安全检查操作规程的内容应至少包括:轮胎、制动、转向、灯光等安全部件检查要求和检查程序,安检不合格车辆返修及复检程序等。

(49)道路旅客运输企业应当制定车辆动态监控操作规程,车辆动态监控操作规程的内容应至少包括:卫星定位系统车载终端、监控平台设备的检修和维护要求,监控信息采集、分析、处理规范和流程、违章信息统计、报送及处理要求及程序,监控信息保存要求和程序等。

(50)道路旅客运输企业应当建立乘务员安全服务操作规程,乘务员安全服务操作规程的内容应至少包括:乘务员值乘工作规范、值乘途中安全检查要求,车辆行驶中相关信息报送等。

(51)道路旅客运输企业应当根据安全运营实际需求,制定其他相关安全运营操作规程。

(52)道路旅客运输企业应当建立安全生产基础档案制度,明确安全生产管理资料的归档、查阅。

(53)道路旅客运输企业应当建立安全生产奖惩制度。对各部门、各岗位人员进行日常管理和安全运营的全过程考核,定期通报奖惩情况,根据考核结果做出奖惩处理。

(54)道路旅客运输企业应当建立安全生产事故应急处置制度。发生安全生产事故后,道路旅客运输企业应当立即采取有效措施,组织抢救,防止事故扩大,减少人员伤亡和财产损失。

(55)对于在旅客运输过程中发生的行车安全事故,客运驾驶员应及时向事发地的公安部门以及所属的道路旅客运输企业报告,道路旅客运输企业应当按规定时间、程序、内容向事故发生地和企业所属地县级以上的安监、公安、交通运输等相关职能部门报告事故情况,并启动安全生产事故应急处置预案。

道路运输企业应当定期进行安全生产事故统计和分析,总结事故特点和原因,提出针对性的事故预防措施。

(56)道路旅客运输企业应当建立安全生产事故责任倒查制度。按照"事故原因不查清不放过、事故责任者得不到处理不放过、整改措施不落实不放过、教训不吸取不放过"的原则,对相关责任人进行严肃处理。

道路旅客运输企业应当认真吸取事故教训,落实防范和整改措施,防止事故再次发生。

(57)道路旅客运输企业应当建立应急救援制度。健全应急救援组织体系,建立应急救援队伍,制订完善应急救援预案,开展应急救援演练。

(58)道路旅客运输企业应当建立安全生产宣传和教育制度。普及安全知识,强化员工安全生产操作技能,提高员工安全生产能力。

道路旅客运输企业应当配备和完善开展安全宣传、教育活动的设施和设备,定期更新宣传、教育的内容。安全宣传、教育与培训应予以记录并建档保存,保存期限应至少为3年。

(59)道路旅客运输企业应当建立健全安全生产社会监督机制,规范道路客运旅客安全告知制度,公开举报电话号码、通信地址或者电子邮件信箱,完善举报制度,充分发挥乘客、新闻媒体及社会各界的监督作用。对接到的举报和投诉,企业应当及时予以调查和处理。

(60)道路旅客运输企业还应当建立本企业安全生产管理所需要的其他制度。

(61)道路旅客运输企业应当建立事故隐患排查治理制度,依据相关法律法规及自身管理规定,对营运车辆、客运驾驶员、运输线路、运营过程等安全生产各要素和环节进行安全隐患排查,及时消除安全隐患。

(62)道路旅客运输企业应根据安全生产的需要和特点,采用综合检查、专业检查、季节性检查、节假日检查、日常检查等方式进行隐患排查。

(63)道路旅客运输企业应对排查出的安全隐患进行登记和治理,落实整改措施、责任、资金、时限和预案,及时消除事故隐患。

对于能够立即整改的一般安全隐患,由运输企业立即组织整改;对于不能立即整改的重大安全隐患,运输企业应组织制订安全隐患治理方案,依据方案及时进行整改;对于自身不能解决的重大安全隐患,运输企业应立即向有关部门报告,依据有关规定进行整改。

(64)道路旅客运输企业应当建立安全隐患排查治理档案,档案应包括以下内容:隐患排查治理日期,隐患排查的具体部位或场所,发现事故隐患的数量、类别和具体情况,事故隐患治理意见,参加隐患排查治理的人员及其签字,事故隐患治理情况、复查情况、复查时间、复查人员及其签字。

(65)道路旅客运输企业应当每季、每年对本单位事故隐患排查治理情况进行统计,分析隐患形成的原因、特点及规律,建立事故隐患排查治理长效机制。

(66)道路旅客运输企业应当建立安全隐患报告和举报奖励制度,鼓励、发动职工发现和排除事故隐患,鼓励社会公众举报。对发现、排除和举报事故隐患的有功人员,应当给予物质奖励和表彰。

(67)道路旅客运输企业应当积极配合有关部门的监督检查人员依法进行的安全隐患监督检查,不得拒绝和阻挠。

(68)道路旅客运输企业应当根据相关管理部门的要求和自身实际情况,制定年度安全生产目标。安全生产目标应至少包括道路交通责任事故起数、死亡人数、受伤人数、财产损失、万车公里事故起数、万车公里伤亡人数等指标。

(69)道路旅客运输企业应当建立安全生产年度考核与奖惩制度。针对年度目标,对各部门、各岗位人员进行安全绩效考核,通报考核结果。

道路旅客运输企业应根据安全生产年终考核结果,对安全生产相关部门、岗位工作人员给予一定的奖惩。对全年无事故、无交通违法记录、无旅客投诉的文明安全驾驶员予以表彰奖励。

(70)道路旅客运输企业应当建立安全生产内部评价机制,每年至少进行1次安全生产内部评价。评价内容应包括安全生产目标、安全生产责任制、安全投入、安全教育培训、从业人员管理、车辆管理、生产安全监督与检查、应急响应与救援、事故处理与统计报告等各项安全生产制度的适宜性、充分性及有效性。

道路旅客运输企业应当根据相关规定定期聘请第三方机构对本单位的安全生产管理情况进行评估。

道路旅客运输企业应当根据与第三方机构评估结果和安全生产内部评价结果及时改进安全生产管理工作内容和方法,修订和完善各项安全生产制度,持续改进和提高安全管理水平。

十、其他相关法律法规

其他相关法律法规有如下几种:

(1)《中华人民共和国突发事件应对法》(中华人民共和国主席令第69号)。

(2)《中华人民共和国消防法》(中华人民共和国主席令第6号)。

(3)《中华人民共和国劳动合同法》(中华人民共和国主席令第73号)。

(4)《中华人民共和国道路交通安全法实施条例》(中华人民共和国国务院令第405号)。

(5)《工伤保险条例》(中华人民共和国国务院令第586号)。

(6)《机动车强制报废标准规定》(商务部、发改委、公安部、环境保护部令2012年第12号)。

(7)《企业安全生产费用提取和使用管理办法》(财企〔2012〕16号)。

(8)《交通运输部关于进一步加强安全生产工作的意见》(交安监发〔2013〕1号)。

第二章 生产经营单位安全生产主体责任

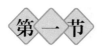 安全生产主体责任概述

生产经营单位是生产经营活动的主体,也是安全生产工作责任的直接承担主体。《安全生产法》第三条规定:安全生产工作应当以人为本,坚持安全发展,坚持安全第一、预防为主、综合治理的方针,强化和落实生产经营单位的主体责任,建立生产经营单位负责、职工参与、政府监管、行业自律和社会监督的机制。生产经营单位的主体责任是指生产经营单位依照法律、法规规定,应当履行的安全生产法定职责和义务。

(1)依法建立安全生产管理机构。

(2)建立健全安全生产责任制和各项管理制度。

(3)持续具备法律、法规、规章、国家标准和行业标准规定的安全生产条件。

(4)确保资金投入满足安全生产需要。

(5)依法组织从业人员参加安全生产教育和培训。

(6)如实告知从业人员作业场所和工作岗位存在的危险、危害因素、防范措施和事故应急措施,教育职工自觉承担安全生产义务。

(7)为从业人员提供符合国家标准或行业标准的劳动防护用品,并监督教育从业人员按照规定佩戴适用。

(8)对重大危险源实施有效的检测、监控。

(9)预防和减少作业场所职业危害。

(10)安全设施、设备(包括特种设备)符合安全管理的有关要求,按规定定期检测检验。

(11)依法制订生产安全事故应急救援预案,落实操作岗位应急措施。

(12)及时发现、治理和消除本单位安全事故隐患。

(13)积极采取先进的安全生产技术、设备和工艺,提高安全生产科技保障水平;确保所使用的工艺装备及相关劳动工具符合安全生产要求。

(14)保证新建、改建、扩建工程项目依法实施安全设施"三同时"。

(15)统一协调管理承包、承租单位的安全生产工作。

(16)依法参加工伤保险,为从业人员缴纳保险费。

(17)按要求上报生产安全事故,做好事故抢险救援,妥善处理对事故伤亡人员依法赔偿等事故善后工作。

(18)法律、法规规定的其他安全生产责任。

 主要负责人的安全职责及法律责任

一、主要负责人的安全职责

《安全生产法》第十八条规定,生产经营单位的主要负责人对本单位安全生产工作负有下列职责:

(1)建立、健全本单位安全生产责任制;

(2)组织制定本单位安全生产规章制度和操作规程;

(3)组织制定并实施本单位安全生产教育和培训计划;
(4)保证本单位安全生产投入的有效实施;
(5)督促、检查本单位的安全生产工作,及时消除生产安全事故隐患;
(6)组织制定并实施本单位的生产安全事故应急救援预案;
(7)及时、如实报告生产安全事故。

二、主要负责人的法律责任

❶ 生产经营单位不依法投入安全生产费用的法律责任

生产经营单位不依照规定保证安全生产所必需的资金投入,从而导致生产经营单位不具备安全生产条件,对于有违法行为的,首先应由负责安全监督管理的部门责令其在规定的期限内纠正违法行为,提供生产经营单位应当具备的安全生产条件所必需的资金。

如果违法行为人在规定的期限内仍未改正的,责令生产经营单位停产停业整顿。责令停产停业,是指行政执法机关对违反行政管理秩序的企业事业单位,依法在一定期限内暂停其从事有关生产经营活动的行政处罚。

导致发生生产安全事故的,对生产经营单位的主要负责人给予其撤职处分;对个人经营的投资人处 2 万元以上 20 万元以下的罚款。

❷ 生产经营单位主要负责人不履行安全生产管理职责的法律责任

生产经营单位主要负责人不履行安全生产管理职责的,行政执法机关责其在规定期限内,依照规定履行其应尽的安全生产管理职责。在规定的期限内,生产经营单位的主要负责人仍然未按规定纠正违法行为,履行其职责的,对其处 2 万元以上 5 万元以下的罚款。

生产经营单位主要负责人未履行安全生产管理职责,导致发生生产安全事故的,给予其撤职处分。构成犯罪的,依照刑法有关规定追究刑事责任。

生产经营单位主要负责人依照规定受刑事处罚或者撤职处分的,自刑罚执行完毕或者受处分之日起,5 年内不得担任任何生产经营单位的主要负责人。对重大、特别重大生产安全事故负有责任的,终身不得担任本行业生产经营单位的主要负责人。

❸ 对生产经营单位主要负责人不立即组织抢救、擅离职守或者逃匿的处罚

(1)予以降级、撤职的处分。具体给予降级还是撤职处分,则根据行为人的违法情节进一步确定,同时对该主要负责人处其上一年收入 60%～100% 的罚款。

(2)对于发生事故后逃匿的,由公安机关依照治安管理处罚法规定的程序处 15 日以下拘留。

(3)构成犯罪的,依照刑法有关规定追究刑事责任。

第三节　安全生产管理人员的安全职责和法律责任

一、安全生产管理人员安全职责

《安全生产法》第二十二条规定,生产经营单位的安全生产管理机构以及安全生产管理人员履行下列职责:

（1）组织或者参与拟订本单位安全生产规章制度、操作规程和生产安全事故应急救援预案；

（2）组织或者参与本单位安全生产教育和培训，如实记录安全生产教育和培训情况；

（3）督促落实本单位重大危险源的安全管理措施；

（4）组织或者参与本单位应急救援演练；

（5）检查本单位的安全生产状况，及时排查生产安全事故隐患，提出改进安全生产管理的建议；

（6）制止和纠正违章指挥、强令冒险作业、违反操作规程的行为；

（7）督促落实本单位安全生产整改措施。

二、安全生产管理人员的法律责任

《安全生产法》第二十三条规定，生产经营单位的安全生产管理机构以及安全生产管理人员应当恪尽职守，依法履行职责。

安全生产管理人员应依法履行安全生产管理职责，生产经营单位也要为安全生产管理人员依法履行职责提供便利，同时也要督促其依法履行职责。安全生产管理人员未依法履行安全生产管理职责的，有关部门应当责令其限期改正。

安全生产管理人员未履行本法规规定的安全生产管理职责而导致发生安全生产事故的，暂停或撤销其与安全生产有关的资格。生产经营单位可以依法暂停该安全管理人员负责安全管理工作，也可以依法对其进行撤换。安全生产管理人员构成犯罪的，依照刑法有关规定追究刑事责任。

第四节 安全生产责任制

一、定义

安全生产责任制是根据我国的安全生产方针"安全第一、预防为主、综合治理"和安全生产法规建立的各级领导、职能部门、技术管理人员、岗位作业人员在劳动生产过程中对安全生产层层负责的制度。安全生产责任制是企业岗位责任制的一个组成部分,是企业中最基本的一项安全制度,也是企业安全生产、劳动保护管理制度的核心。建立健全安全生产责任制,是将企业安全纳入企业运输生产活动的各个环节,实现全员参与、全面、全过程的安全管理,保证企业实现安全运营。

二、具体职责

安全生产责任制具体职责如下:

(1)企业单位的各级领导人员在管理生产的同时,必须负责管理安全工作,认真贯彻执行国家有关劳动保护的法令和制度,在计划、布置、检查、总结、评比生产的时候,同时计划、布置、检查、总结、评比安全工作。

(2)企业单位中的生产、技术、设计、供销、运输、财务等各有关专职机构,都应该在各自业务范围内,对实现安全生产的要求负责。

(3)企业单位应该根据实际情况加强劳动保护工作机构或专职人员的工作。劳动保护工作机构或专职人员的职责是:协助领导组织推动生产中的安全工作,贯彻执行劳动保护的法令、制度;

汇总和审查安全技术措施计划,并且督促有关部门切实按期执行;组织和协助有关部门制订或修订安全生产制度和安全技术操作规程,对这些制度、规程的贯彻执行进行监督检查;经常进行现场检查,协助解决问题,遇有特别紧急的不安全情况时,有权指令先行停止生产,并且立即报告领导研究处理;总结和推广安全生产的先进经验;对职工进行安全生产的宣传教育;指导生产小组安全员工作;督促有关部门按规定及时分发和合理使用个人防护用品、保健食品和清凉饮料;参加审查新建、改建、大修工程的设计计划,并且参加工程验收和试运转工作;参加伤亡事故的调查和处理,进行伤亡事故的统计、分析和报告,协助有关部门提出防止事故的措施,并且督促他们按期实现;组织有关部门研究执行防止职业中毒和职业病的措施;督促有关部门做好劳逸结合和女工保护工作。

(4)企业单位各生产小组都应该设有不脱产的安全员。小组安全员在生产小组长的领导和劳动保护干部的指导下,首先应当在安全生产方面以身作则,起模范带头作用,并协助小组长做好下列工作:经常对本组工人进行安全生产教育;督促他们遵守安全操作规程和各种安全生产制度;正确地使用个人防护用品;检查和维护本组的安全设备;发现生产中有不安全情况的时候,及时报告;参加事故的分析和研究,协助领导拟订防止事故的措施。

(5)企业单位的职工应该自觉地遵守安全生产规章制度,不进行违章作业,并且要随时制止他人违章作业,积极参加安全生产的各种活动,主动提出改进安全工作的意见,爱护和正确使用机器设备、工具及个人防护用品。

安全生产责任制是企业岗位责任制的一个组成部分,根据"管生产必须管安全"的原则,安全生产责任制综合各种安全生产管理、安全操作制度,对生产经营单位和企业各级领导、各职能部门、有关工程技术人员和生产工人在生产中应负的安全责任加以明确规定的制度,《安全生产法》把建立和健全安全生产责任制作为生产经营单位和企业安全管理必须实行的一项基本制度,在第四条、第十八条、第十九条都作出了明确规定,要求生产经营单位的主要负责人要建立、健全本单位安全生产责任制,并对其负责。企业安全生产责任制的主要内容是,企业主要负责人是企业安全生产的第一责任人,对安全生产负全面责任;企业的各级领导和生产管理人员,在管理生产的同时,必须负责管理安全工作;有关的职能机构和人员,必须在自己的业务工作范围内,对实现安全生产负责;职工必须遵守以岗位责任制为主的安全生产制度,严格遵守安全生产法规、制度,不违章作业,并有权拒绝违章指挥,险情严重时有权停止作业,采取紧急防范措施。

第三章 企业安全生产管理基础

 安全生产目标管理

企业的发展一般都设定目标,而企业发展所设定的目标其实是一个目标体系,其中主要是两类目标:一类是生产发展、效益提高,市场占有,企业竞争力提升的目标。另一类就是安全生产,它包括安全目标方针、工伤事故的指标、尘毒、噪声等,职业危害作业场所的合格率以及日常安全管理对策措施等。可见,企业安全生产方面的目标是企业整个发展目标体系的重要组成部分,是企业发展的重要目标。

❶ 安全生产目标的分类

安全生产目标可分为:安全生产远景目标、安全生产中长期目标和安全生产年度目标。

❷ 安全生产目标的构成

(1)行车事故指标,包括:行车责任事故率、行车责任死亡率、行车责任受伤率、直接经济损失率等。

(2)管理职能指标,包括:隐患排查治理完成率、设备维护完好率、从业人员培训教育情况、安全投入情况等。

❸ 制定安全生产目标的原则

(1)贯彻国家安全生产法律法规、方针政策,坚持以人为本、安全发展的原则。

(2)不低于当地主管机关或有关上级、安全生产监管部门对安全生产控制指标的要求。

(3)紧密结合企业的性质、生产经营规模、发展规划,以及安全生产风险情况。

(4)紧密结合企业的安全生产管理状况。

❹ 安全生产目标的评价与考核

企业要定期对安全生产目标的完成情况进行评价和考核,从中发现管理运行中存在的缺陷和问题,做到持续改进、良性发展。

1)评价内容

评价内容主要包括两个方面:一是对各层次目标执行情况进行评价,从中发现管理的薄弱环节及问题,加强基层和基础管理;二是对目标结果进行评价,分析目标制定的合理性和目标管理方法的优劣等。

2)目标考核

目标考核按考核对象分为部门考核和个人考核。根据部门和个人应完成的目标项目,完成目标的数量、质量和时限来考核其目标完成情况;根据考核情况对部门和个人进行奖惩。

另外,目标考核按考核时间分为季度性考核和年度性考核等阶段性考核。通过不同时间段的考核来掌握安全目标的完成情况。

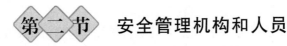

第二节 安全管理机构和人员

一、概念

《安全生产法》第二十一条规定,矿山、金属冶炼、建筑施工、道路运输单位和危险物品的生产、经营、储存单位,应当设置安全生产管理机构或者配备专职安全生产管理人员。

安全管理机构是指企业内部设立的专业负责安全生产管理事务的独立部门,是安全生产、企业生产正常顺利进行的组织保障。

专职安全管理人员是指企业中专门负责安全生产管理,不再兼做其他工作的人员。矿山、金属冶炼、建筑施工、道路运输单位和危险物品的生产、经营、储存单位是危险性比较大的单位,因此,必须成立专门从事安全生产管理工作的机构,或者配备专职的人员从事安全生产管理工作。

二、安全管理机构的作用

安全生产管理机构的作用是落实国家有关安全生产的法律法规,组织生产经营单位内部进行各种安全检查活动,负责日常安全检查,及时整改各种事故隐患,监督安全生产责任制的落实等。它是生产经营单位安全生产的重要组织保证。

三、安全管理机构的设置和安全管理人员的配备

❶ 安全管理机构的设置

道路运输企业应建立完善的从上到下的安全管理机构。一般中小企业设立三级管理机构;有分公司的大型企业设立四级管理机构。其机构设置,分别如图 3-1、图 3-2 所示。

❷ 安全管理人员的配备

《道路旅客运输企业安全管理规范(试行)》第六条规定,道路旅客运输企业及分支机构应当依法设置安全生产领导机构和管理机构,配备与本单位安全生产工作相适应的专职安全管理人

员。拥有10辆以上(含)营运客车的道路旅客运输企业应当设置专门的安全生产管理机构,配备专职安全管理人员。拥有10辆以下营运客车的道路旅客运输企业应当配备专职安全管理人员。原则上按照每20辆车1人的标准配备专职安全管理人员,最低不少于1人。

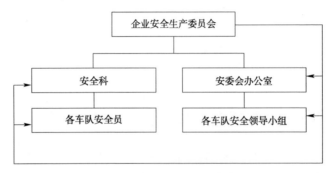

图 3-1　三级安全管理机构结构图

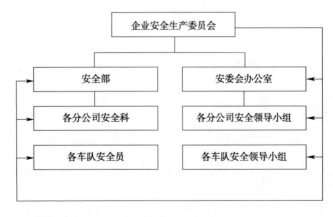

图 3-2　四级安全管理机构结构图

安全管理人员要出色地完成自己职责范围内的安全管理工作,就必须具备相应的思想和业务素质。思想素质主要体现在职业道德方面,业务素质主要体现在专业知识、资历和能力方面。

1) 安全管理人员的职业道德要求

(1) 应有较高的思想觉悟和政策观念。

(2) 遵守法律法规和规章制度要求。

(3) 忠于职守、勇于负责、处理果断、办事认真。

(4) 坚持原则、廉洁奉公、具有高度的事业心和责任感。

2) 安全管理人员具备的专业知识

安全管理人员应具备一定的专业知识和其他相关知识技能。

(1) 专业知识应该包括日常安全管理知识、车辆技术管理、运输工程等方面的基础知识。

(2) 安全管理人员应熟悉各项安全生产法律、法规、规章、标准等要求,并按照法律法规要求运用到实际安全管理中,不断提高安全管理水平。

(3) 安全管理人员还应熟悉人员救护、车辆消防、车辆保险、气象分析等其他方面的相关知识。

3) 安全管理人员应具备的资历

安全管理人员应具有在运输企业基层3年以上的工作经历,熟悉基层的安全管理和车辆技术管理等工作。从学历上讲,原则上应具有大专以上学历,不低于或相当于高中学历的,经过培训,考核合格后方可持证上岗。

4) 安全管理人员应具备的能力

安全管理人员应具备运用科学知识和实际经验,因时因地、联系实际、果断有效地解决具体问题和作出相应的决策的能力。其具体体现在以下几个方面:

(1) 正确分析、判断和处理安全管理中多种问题的能力。

(2) 对意外和突发事故及时果断采取相应对策和应变协调能力。

(3) 较强的口头和文字表达能力。

(4) 较强的内外事务沟通能力。

(5) 较强的组织领导能力。

❸ 安全生产管理机构职责

1) 安全生产委员会职责

(1) 研究制定安全生产工作计划和目标的方案,部署、督促相关部门按要求组织制定,并对具体的计划和目标进行审议、确定。

(2) 组织制定安全生产资金投入计划和安全技术措施计划,部署并督促相关部门落实。

(3) 组织制订或者修订安全生产制度、安全操作规程,并对执行情况进行监督检查。

(4) 检查本公司生产、作业的安全条件,生产安全事故隐患的排查及整改效果。

(5) 按规定监督、检查劳动防护用品的采购、发放、使用和管理工作。

(6) 研究、部署职业病防治措施。

(7) 制订安全生产宣传教育培训计划,督促相关部门组织落实。组织相关部门总结推广安全生产先进经验。

(8) 配合生产安全事故的调查和处理。

(9) 每季度至少召开一次安全生产专题会议,协调解决安全生产问题,做好会议纪要,妥善保存。

(10) 每次会议要跟踪上次会议工作要求的落实情况,并提出新的工作要求。

(11) 负责部署、指导、监督、检查安全管理部门的工作。

(12) 研究、制订安全生产大检查、专业检查和季节性检查工作方案,组织、部署相关部门实施。发现的安全隐患要及时制定措施,督促相关部门予以处理和解决。

(13)对重大事故及重大未遂事故组织调查与分析。按照"四不放过"原则从生产、技术、设备、管理等方面查找事故发生的原因、责任,并制订措施,对责任者作出处理决定。

2)安全管理部门职责

(1)组织制订安全生产年度目标和实施计划,并按企业各部门的职能,进行目标分解、培训、考核、监测、评估、修订。

(2)组织制订安全生产资金投入计划和安全技术措施计划,并督促相关部门落实。

(3)组织制订或者修订安全生产制度、安全操作规程,并对执行情况进行监督检查。

(4)检查公司生产、作业的安全条件,生产安全事故隐患的排查及整改效果;制止和查处违章指挥、违章作业行为。

(5)配合政府有关部门对生产建设项目安全设施"三同时"和职业病防护设施的审查验收工作。

(6)指导和督促承包、承租单位、协作单位履行安全生产职责,审核承包、承租、协作单位资质、证照和资料。

(7)按规定监督劳动防护用品的采购、发放、使用和管理工作,并监督、检查和教育从业人员正确佩戴和使用。

(8)组织有关部门研究职业病防治措施。

(9)组织实施安全生产宣传教育培训,总结推广安全生产先进经验。

(10)配合生产安全事故的调查和处理,履行事故的统计、分析和报告职责,协助有关部门制订事故预防措施并监督执行。

(11)编制和审议年度安全计划措施计划,对措施需要的设备、材料、资金及实施日期,制订计划并付诸实施。

(12)组织安全生产大检查、专业检查和季节性检查,发现的安全隐患要及时采取措施,予以处理和解决。

(13)建立日常安全检查制度,对各部门的安全工作要经常进行巡视检查监督,宣传先进,教育后进。

(14)对重大事故及重大未遂事故组织调查与分析。按照"四不放过"原则从生产、技术、设备、管理等方面查找事故发生的原因、责任,并制订措施,对责任者给予处理。

(15)至少每月召开一次安全工作例会,主要内容包括落实安全生产领导小组的会议决议,总结上一阶段的安全生产工作、安全生产目标、安全生产指标的完成情况,传达上级机构对安全生产的指令、文件精神及公司安全生产相关措施,总结安全生产存在的问题,公司对安全生产工作进行部署、对从业人员进行安全教育等。

(16)按照公司安全生产的要求,负责向各部门、各基层单位的专兼职安全员,布置、检查、指导、汇总安全生产工作。

(17)负责辨识、获取有关安全生产的法律法规、标准规程。

(18)做好安全基础工作,建立驾驶员档案,做好各项安全工作记录。

(19)发生安全事故立即报告并开展救援工作。

第三节　安全管理规章制度

一、安全生产规章制度建设的依据、原则和必要性

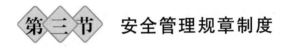 建立安全生产规章制度必要性

1)建立健全安全生产规章制度是生产经营单位的法定责任

生产经营单位是安全生产的责任主体。《安全生产法》第四条规定"生产经营单位必须遵守本法和其他有关安全生产的法律、法规,加强安全生产管理,建立、健全安全生产责任制度,完善

安全生产条件,确保安全生产";《劳动法》第五十二条规定"用人单位必须建立、健全劳动安全卫生制度,严格执行国家劳动安全卫生规程和标准,对劳动者进行劳动安全卫生教育,防止劳动过程中的事故,减少职业危害";《突发事件应对法》第二十二条规定"所有单位应当建立健全安全管理制度,定期检查本单位各项安全防范措施的落实情况,及时消除事故隐患"。

2) 建立健全安全生产规章制度是生产经营单位安全生产的重要保障

安全风险来自于生产、经营过程之中,只要生产、经营活动在进行,安全风险就客观存在。客观上需要企业对生产过程、机械设备、人员操作进行系统分析、评价,制定出一系列的操作规程和安全控制措施,以保障生产经营单位生产、经营工作合法、有序、安全地运行,将安全风险降到最低。在长期的生产经营活动过程中积累的大量风险辨识、评价、控制技术,以及生产安全事故教训的积累,是探索和驾驭安全生产客观规律的重要基础,只有形成生产经营单位的规章制度才能够得到不断积累,有效继承和发扬。

3) 建立健全安全生产规章制度是生产经营单位保护从业人员安全与健康的重要手段

国家有关保护从业人员安全与健康的法律法规、国家和行业标准在一个生产经营单位的具体实施,只有通过企业的安全生产规章制度(图3-3)体现出来,才能使从业人员明确自己的权利和义务。同时,也为从业人员遵章守纪提供标准和依据。建立健全安全生产规章制度可以防止生产经营单位管理的随意性,有效地保障从业人员的合法权益。

❷ 安全生产规章制度建设的依据

1) 以安全生产法律法规、国家和行业标准、地方政府的法规和标准为依据

图 3-3　安全生产规章制度

生产经营单位安全生产规章制度首先必须符合国家法律法规、国家和行业标准的要求,以及生产经营单位所在地地方政府的相关法规、标准的要求。生产经营单位安全生产规章制度是一系列法律法规在生产经营单位生产、经营过程具体贯彻落实的体现。

2)安全生产规章制度的建设核心是危险有害因素的辨识和控制

通过对危险有害因素的辨识,才能提高规章制度建设的目的性和针对性,保障安全生产。同时,生产经营单位要积极借鉴相关事故教训,及时修订和完善规章制度,防范类似事故的重复发生。

3)以国际、国内先进的安全管理方法为依据

随着安全科学、技术的迅猛发展,安全生产风险防范的方法和手段不断完善。尤其是安全系统工程理论研究的不断深化,安全管理的方法和手段也日益丰富,如职业安全健康管理体系、风

险评估和安全评价体系的建立,也为生产经营单位安全生产规章制度的建设提供了重要依据。

❸ 安全生产规章制度建设的原则

1) 坚持"安全第一、预防为主、综合治理"的原则

"安全第一、预防为主、综合治理"是我国的安全生产方针,是我国经济社会发展现阶段安全生产客观规律的具体要求。安全第一,就是要求必须把安全生产放在各项工作的首位,正确处理好安全生产与工程进度、经济效益的关系。预防为主,就是要求生产经营单位的安全生产管理工作,要以危险有害因素的辨识、评价和控制为基础,建立安全生产规章制度;通过制度的实施达到规范人员行为,消除物的不安全状态,实现安全生产的目标。综合治理,就是要求在管理上综合采取组织措施、技术措施,落实生产经营单位的各级主要负责人、专业技术人员、管理人员、从业人员等各级人员,以及党政工团有关管理部门的责任,各负其责,齐抓共管。

2) 主要负责人负责的原则

我国安全生产法律法规对生产经营单位安全生产规章制度建设有明确的规定,如《安全生产法》规定"建立、健全本单位安全生产责任制,组织制定本单位安全生产规章制度和操作规程,是生产经营单位的主要负责人的职责"。安全生产规章制度的建设和实施,涉及生产经营单位的各个环节和全体人员,只有主要负责人负责,才能有效调动和使用生产经营单位的所有资源,才能协调好各方面的关系,规章制度的落实才能够得到保证。

3) 系统性原则

安全风险来自于生产、经营活动过程之中。因此,生产经营单位安全生产规章制度的建设,应按照安全系统工程的原理,涵

盖生产经营的全过程、全员、全方位。主要包括规划设计、建设安装、生产调试、生产运行、技术改造的全过程;生产经营活动的每个环节、每个岗位、每个人;事故预防、应急处置、调查处理全过程。

4) 规范化和标准化原则

生产经营单位安全生产规章制度的建设应实现规范化和标准化管理,以确保安全生产规章制度建设的严密、完整、有序。即按照系统性原则的要求,建立完整的安全生产规章制度体系;建立安全生产规章制度起草、审核、发布、教育培训、执行、反馈、持续改进的组织管理程序;每一个安全生产规章制度编制,都要做到目的明确、流程清晰、标准准确,具有可操作性。

二、安全生产规章制度体系

按照安全系统工程和人机工程原理建立的安全生产规章制度体系,一般分为四类,包括综合安全管理制度、人员安全管理制度、设施设备安全管理制度以及环境安全管理制度,如图3-4所示。

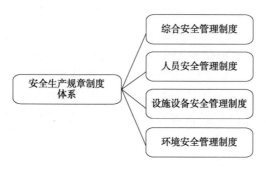

图3-4 安全生产规章制度体系

(一)综合安全管理制度

❶ 安全生产管理目标、指标和总体原则

安全生产管理目标、指标和总体原则应包括：生产经营单位安全生产的具体目标、指标，明确安全生产的管理原则、责任，明确安全生产管理的体制、机制、组织机构、安全生产风险防范和控制的主要措施，日常安全生产管理的重点工作等内容。

❷ 安全生产责任制

安全生产责任制应明确生产经营单位各级领导、各职能部门、管理人员及各生产岗位的安全生产责任、权利和义务等内容。

安全生产责任制属于安全生产规章制度范畴，安全生产责任制的核心是清晰安全管理的责任界面，解决"谁来管，管什么，怎么管，承担什么责任"的问题，安全生产责任制是生产经营单位安全生产规章制度建立的基础。

建立安全生产责任制，一是增强生产经营单位各级主要负责人、各管理部门管理人员及各岗位对安全生产的责任感；二是明确责任，充分调动各级人员和各管理部门安全生产的积极性和主观能动性，加强自主管理，落实责任；三是责任追究的依据。

建立安全生产责任制，应体现安全生产法律法规和政策、方针的要求；应与安全生产经营单位安全生产管理体制、机制协调一致；应做到与岗位工作性质、管理职责协调一致，做到明确、具体、可操作性；应有明确的监督、检查标准或指标，确保责任制切实落实到位；应根据生产经营单位管理体制变化及安全生产新的法规、政策及安全生产形势的变化及时修订完善。

❸ 安全会议制度

企业应定期召开安全工作会议,总结安全管理工作中的问题,提出安全工作计划,定期组织安全学习活动。

❹ 安全费用管理制度

安全费用管理制度应明确企业安全费用的提取比例,安全费用的审核使用流程,安全费用的使用范围和监督保障措施。

❺ 安全检查制度

安全检查制度应明确检查对象、检查方式、检查频率、检查人员、检查结果处置等相关内容。

❻ 档案管理制度

档案管理制度,应明确企业管理制度、文件等资料档案的管理要求,管理流程等,对企业的安全管理信息实施档案化管理,包括车辆档案和人员档案等。

❼ 相关方安全管理

企业应与相关方签订安全管理协议,明确双方安全管理职责,审查相关方的相关资质条件,定期开展相关方安全检查并组织制定相关安全技术措施。

❽ 行车安全管理制度

行车安全管理制度,应明确车辆营运过程中的注意事项和管理要求,无违规违章运营,杜绝违章驾驶,保障安全运用的相关措施和处罚规定。

❾ 危险源管理制度

危险源管理制度,应明确危险源的辨识、评估、控制的相关要求,按规定定期开展危险源的辨识和风险评估,制定相应的控制措施并有效实施,建立危险源清单和档案。

❿ 隐患排查与治理制度

隐患排查与治理制度,应明确应排查的对象、排查周期、隐患的分析和治理措施,隐患的统计和跟踪管理等。

⓫ 事故报告和调查处理制度

事故报告和调查处理制度,应明确事故报告程序、要求、现场应急处置、现场保护,严格按照"四不放过"对事故情况进行处理等。

⓬ 应急救援管理制度

应急救援管理制度,应明确企业应急管理的部门,应急预案的编制、审核、发布、培训、演练实施和修订等。应急预案分为综合预案、专项预案和现场处置方案。

应急预案编制完成以后,应报当地安全监督管理部门和主管机关进行备案,与相关主管部门的预案进行衔接,一旦发生突发事件,能够立即启动预案,实施应急救援,最大限度减小事故损失。

综合安全管理制度体系,如图 3-5 所示。

(二)人员安全管理制度

❶ 安全教育培训制度

安全教育培训制度,应明确企业各级管理人员安全管理知识培训,新员工三级教育培训,转岗和复岗培训,新材料、新工艺、新设备投入使用的培训,特种作业人员培训,从业人员继续教育培训等培训要求,还应明确各项培训的对象、内容、时间及考核要求等。企业应建立培训教育档案。

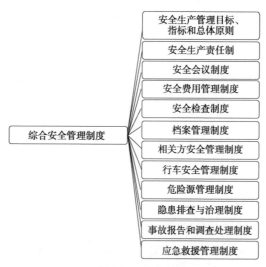

图 3-5 综合安全管理制度体系

❷ 劳动防护用品发放使用和管理制度

劳动防护用品发放使用和管理制度,应明确企业劳动防护用品的种类、适用范围、领取程序、使用前检查和更换周期等内容。

❸ 作业现场安全管理制度

作业现场安全管理制度,应明确作业现场岗位作业人员的安全措施要求,特种作业和危险性较大的作业。应明确作业程序,实施安全许可作业,保障安全的组织措施、技术措施的制定及执行等内容。

❹ 安全考核与奖惩制度

安全考核与奖惩制度,应明确考核对象、考核方法、考核周期、考核结果的通报以及奖惩措施等。

❺ 驾驶员安全告诫制度

驾驶员安全告诫制度,应明确驾驶员在驾驶过程中应注意的问题和不安全因素,对驾驶过程中可能存在的危险因素对驾驶员进行告诫,确保安全驾驶。

人员安全管理制度体系,如图 3-6 所示。

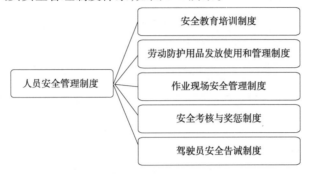

图 3-6 人员安全管理制度体系

(三)设施设备安全管理制度

❶ 车辆安全管理制度

车辆安全管理制度,应明确车辆的检查和维护的周期,车辆维修,车辆的一、二级维护等内容和要求;应设置车辆的技术管理机构或专职技术管理人员对车辆实施技术管理。

❷ 车辆例检管理制度

车辆例检管理制度,应明确车辆例检管理程序,车辆例检的主要内容,车辆出车前、行车中、收车后的安全检查要求。

❸ 安全设施管理制度

安全设施管理制度,应明确安全设施的种类、名称、用途、数量以及定期检查检测要求。

❹ 动态监控装置安装使用管理制度

动态监控装置安装使用管理制度,应明确车辆动态监控装置的安装、使用、实时监控、驾驶员违规提醒、违规信息登记处理、定期检查维护等要求等。

设施设备安全管理制度体系，如图3-7所示。

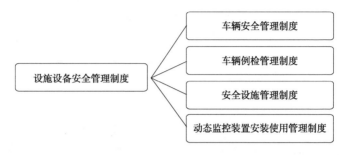

图3-7 设施设备安全管理制度体系

（四）环境安全管理制度

❶ 安全警示标志管理制度

安全警示标志管理制度，应明确安全警示标志的种类、名称、数量、地点和位置，安全警示标志的定期检查、维护等。

❷ 职业健康管理制度

职业健康管理制度，应明确作业现场存在的职业危害因素的种类、场所，职业危害岗位从业人员的定期职业健康检查，职业危害防护设施、设备的设置和发放等。

环境安全管理制度体系，如图3-8所示。

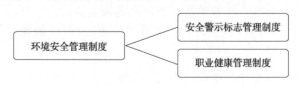

图3-8 环境安全管理制度体系

三、安全生产规章制度的管理

❶ 起草

根据企业安全生产责任制,由负责安全生产管理部门或相关职能部门负责起草。起草前应对目的、适用范围、主管部门、解释部门和实施日期等予以明确。同时还应做好相关资料的准备和收集工作。规章制度的编制应做到条理清楚、结构严谨、用词准确、文字简明、标点符号正确。

❷ 征求意见

起草的规章制度应通过正式渠道获得相关职能部门或员工的意见和建议,以利于规章制度的颁布和贯彻落实。当意见不一致时,应由分管领导组织讨论,统一认识,达成一致。

❸ 审核

制度签发前,应进行审核。一是由生产经营单位负责法律事务的部门进行合规性审查;二是专业技术性较强的规章制度应邀请相关专家进行审核;三是安全奖惩等涉及全员性的制度,应经过职工代表大会或职工代表进行审核。

❹ 签发

技术规程、安全操作规程等技术性较强的安全生产规章制度,一般由生产经营单位主管生产的领导或总工程师签发;涉及全局性的综合管理制度,应由生产经营单位的主要负责人签发。

❺ 发布

安全生产规章制度应采用固定的方式进行发布,如红头文件形式,内部办公网络等。发布的范围须涵盖应执行的部门、人员。有特殊的制度还应正式送达相关人员,并由接收人员签字。

❻ 培训

新发布的安全生产管理制度、修订的安全生产规章制度,应组织进行培训,并进行考核。

❼ 反馈

应定期检查安全生产规章制度执行中存在的问题,或建立信息反馈渠道,及时掌握安全生产规章制度的执行效果。

❽ 持续改进

企业应每年制定规章制度,制订、修订计划,并应公布现行有效的安全生产规章制度清单。对安全操作规程类规章制度,除每年进行审查和修订外,每3~5年应进行一次全面修订,并重新发布,确保规章制度的建设和管理有序进行。

安全生产制度管理流程,如图3-9所示。

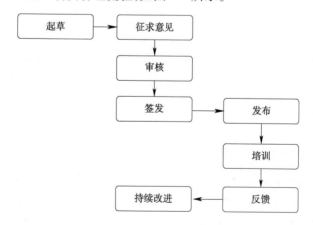

图3-9 安全生产制度管理流程

第四节 安全投入

《安全生产法》第二十条规定,生产经营单位应当具备的安全生产条件所必需的资金投入,由生产经营单位的决策机构、主要负责人或者个人经营的投资人予以保证,并对由于安全生产所必需的资金投入不足导致的后果承担责任。有关生产经营单位应当按照规定提取和使用安全生产费用,专门用于改善安全生产条件。安全生产费用在成本中据实列支。

安全生产费用提取、使用和监督管理,依据《企业安全生产费用提取和使用管理办法》(财企〔2012〕16号)执行。

一、安全生产费用的提取

交通运输企业以上年度实际营业收入为计提依据,按照以下标准平均逐月提取:

(1)普通货运业务按照1%提取。

(2)客运业务、管道运输、危险品等特殊货运业务按照1.5%提取。

企业在上述标准的基础上,根据安全生产实际需要,可适当提高安全费用提取标准。

新建企业和投产不足一年的企业以当年实际营业收入为提取依据,按月计提安全费用。

二、安全费用使用范围

交通运输企业安全费用应当按照以下范围使用:
(1)完善、改造和维护安全防护设施设备支出(不含"三同时"要求初期投入的安全设施),包括道路、水路、铁路、管道运输设施设备和装卸工具安全状况检测及维护系统、运输设施设备和装卸工具附属安全设备等支出。

(2)购置、安装和使用具有行驶记录功能的车辆卫星定位装置、船舶通信导航定位和自动识别系统、电子海图等支出。

(3)配备、维护、保养应急救援器材、设备支出和应急演练支出。

(4)开展重大危险源和事故隐患评估、监控和整改支出。

(5)安全生产检查、评价(不包括新建、改建、扩建项目安全评价)、咨询和标准化建设支出。

(6)配备和更新现场作业人员安全防护用品支出。

(7)安全生产宣传、教育、培训支出。

(8)安全生产适用的新技术、新标准、新工艺、新装备的推广应用支出。

(9)安全设施及特种设备检测检验支出。

(10)其他与安全生产直接相关的支出。

三、安全费用的管理

企业提取的安全费用应当专户核算,按规定范围安排使用,不得挤占、挪用。年度结余资金结转下年度使用;当年计提安全费用不足的,超出部分按正常成本费用渠道列支。

企业应当建立健全内部安全费用管理制度,明确安全费用提取和使用的程序、职责及权限,按规定提取和使用安全费用。

企业应当加强安全费用管理,编制年度安全费用提取和使用计划,纳入企业财务预算。企业年度安全费用使用计划和上一年安全费用的提取、使用情况,按照管理权限报同级财政部门及行业主管部门备案。

企业提取的安全费用属于企业自提自用资金,其他单位和部门不得采取收取、代管等形式对其进行集中管理和使用,国家法律、法规另有规定的除外。

四、安全资金使用监督和保障

企业应当严格遵守安全费用管理制度,明确安全费用使用、管理的程序、职责及权限;企业安全生产费用的提取使用要接受安全生产监督管理部门和财政、审计部门的监督。年度终了,企业要在年度财务报告中说明安全生产费用提取和使用的具体情况。

企业安全费用的投入,由企业的决策机构、主要负责人予以保证,并对由于安全生产所需要的资金投入不足导致的后果承担责任。

企业的决策机构、主要负责人不依照规定保证安全生产所需的资金投入,致使企业不具备安全生产条件的,责令限期改正,提供必需的资金;逾期未改正的,责令运输企业停产停业整顿。有以上违法行为,导致发生安全生产事故,构成犯罪的,依法追究刑事责任;尚不够刑事处罚的,对运输企业的主要负责人给予撤职处分。

五、安全资金投入效益实现

安全效益是安全条件的实现,对社会(国家)、对集体(企业)、对个人所产生的效果和利益。安全的直接效果是安全减轻生命与财产损失,另一重要效果是维护和保障经济功能得到充分发挥,这是安全的增值能力。

安全经济效益是通过安全资金投入实现安全条件,在生产和生活过程中保障技术、环境及人员的能力和功能,为社会经济发展所带来的利益。安全的非经济效益也是安全的安全社会效益，是指安全条件的实现，对国家和社会发展、企业或集体生产的稳定、家庭或个人幸福所起的积极作用。

1元事前投资＝5元后事后投资，这是安全经济学的基本定理规律，也是指导安全经济活动的重要基础。同时也告诉我们：预防性的"投入产出比"大大高于事故整改的"产出比"。

 安全教育培训和安全文化建设

一、安全教育培训

❶ 主要负责人和安全管理人员安全教育培训

道路运输单位的主要负责人和安全生产管理人员，必须具备与本单位所从事的生产经营活动相应的安全生产知识和管理能力。

道路运输单位的主要负责人和安全生产管理人员，应当由主管的负有安全生产监督管理职责的部门对其安全生产知识和管理能力考核合格，并取得安全资格证书后方可任职。

1）安全教育培训内容
（1）生产经营单位主要负责人安全教育培训内容：
①国家安全生产方针、政策和有关安全生产的法律、法规、规章及标准；
②安全生产管理基本知识、安全生产技术、安全生产专业知识；
③重大危险源管理、重大事故防范、应急管理和救援组织以及事故调查处理的有关规定；

④职业危害及其预防措施;
⑤国内外先进的安全生产管理经验;
⑥典型事故和应急救援案例分析;
⑦其他需要培训的内容。
(2)安全管理人员安全教育培训内容:
①国家安全生产方针、政策和有关安全生产的法律、法规、规章及标准;
②安全生产管理、安全生产技术、职业卫生等知识;
③伤亡事故统计、报告及职业危害的调查处理方法;
④应急管理、应急预案编制以及应急处置的内容和要求;
⑤国内外先进的安全生产管理经验;
⑥典型事故和应急救援案例分析;
⑦其他需要培训的内容。
2)安全教育培训学时

主要负责人和安全生产管理人员初次安全培训时间不得少于32学时。每年参加脱产再培训时间不得少于24学时。

❷ 从业人员安全教育培训

企业应当对从业人员进行安全生产教育和培训,保证从业人员具备必要的安全生产知识,熟悉有关的安全生产规章制度和安全操作规程,掌握本岗位的安全操作技能,了解事故应急处理措施,知悉自身在安全生产方面的权利和义务。未经安全生产教育和培训合格的从业人员,不得上岗作业。

企业使用被派遣劳动者的,应当将被派遣劳动者纳入本单位从业人员统一管理,对被派遣劳动者进行岗位安全操作规程和安全操作技能的教育和培训。劳务派遣单位应当对被派遣劳动者进行必要的安全生产教育和培训。

企业接收中等职业学校、高等学校学生实习的,应当对实习学生进行相应的安全生产教育和培训,提供必要的劳动防护用品。学校应当协助生产经营单位对实习学生进行安全生产教育和培训。

企业应当建立安全生产教育和培训档案,如实记录安全生产教育和培训的时间、内容、参加人员以及考核结果等情况。

1)岗前培训

客运驾驶员岗前培训内容:

国家道路交通安全和安全生产相关法律法规、安全行车知识、典型交通事故案例警示教育、职业道德、安全告知知识、应急处置知识、企业有关安全运营管理的规定等。

客运驾驶员岗前培训学时要求:

国家道路交通安全和安全生产相关法律法规、安全行车知识、典型交通事故案例警示教育、职业道德、安全告知知识、应急处置知识、企业有关安全运营管理的规定等。客运驾驶员岗前理论培训不少于12学时,实际驾驶操作不少于30学时,并要提前熟悉和了解客运车辆性能和客运线路等情况。

普通从业人员,岗前培训时间不得少于24学时。

2)继续教育培训

道路旅客运输企业应当建立客运驾驶员安全教育、培训及考核制度。定期对客运驾驶员开展法律法规、典型交通事故案例警示、技能训练、应急处置等教育培训。客运驾驶员应当每月接受不少于2次,每次不少于1小时的教育培训。道路旅客运输企业应当组织和督促本企业的客运驾驶员参加继续教育,保证客运驾驶员参加教育和培训的时间,提供必要的学习条件(图3-10)。

道路旅客运输企业应在客运驾驶员接受教育与培训后,对客运驾驶员教育与培训的效果进行考核。客运驾驶员教育与培训考核的有关资料应纳入客运驾驶员教育与培训档案。客运驾驶员教育与培训档案的内容应包括:教育或培训的内容、培训时间、培训地点、授课人、参加培训人员的签名、考核人员、安全管理人员的签名、培训考试情况等。档案保存期限不少于3年。

图3-10 员工继续教育培训

3）转岗或复岗培训

从业人员在本单位调整工作岗位或离岗一年重新上岗，应重新进行岗前安全培训教育，并经考试合格后方可上岗作业。

❸ 特种作业人员安全教育培训

特种作业人员必须按照国家有关规定经专门的安全作业培训，取得特种作业操作证后，方可上岗作业。

特种作业操作证有效期为6年，在全国范围内有效（图3-11）。特种作业操作证每三年复审一次。特种作业操作证申请复审或者延期复审前，特种作业人员应当参加必要的安全培训并考试合格。安全教育培训时间不少于8学时。

二、安全文化建设

企业安全文化是企业在长期安全生产和经营活动中，逐步形成的，或有意识塑造的，已为全体职工接受、遵循的，具有企业特色的安全价值观、安全行为准则、安全知识和技术的综合体现。

企业安全文化在企业建设中有着举足轻重的意义。道路运输企业安全文化就是借助企业文化的成果,充分运用文化的导向功能,把长期的生产经营和安全管理过程中形成的具有本行业特点的安全管理经验,提升到物质与精神结合的境界,成为加强和改进企业的安全管理的精神动力。安全文化既是一种文化现象,又是企业安全管理的一种理论。

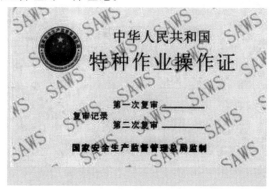

图3-11 特种作业操作证

❶ 安全文化构成

企业安全文化要素包括安全习惯、安全理念、安全政策、安全目标、安全行为、安全科学等6个要素(图3-12)。通过这6个要素间的逐级递变,安全文化实现自身的不断循环、改进和提升。

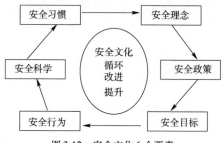

图3-12 安全文化6个要素

营造企业自身的安全文化,使企业的每一位员工都能自觉地按照安全的要求来规范自己的行为,自觉地把安全放在第一位,这是全面履行安全责任的内在驱动力,是保证安全目标实现的活的灵魂。通过加强企业安全文化的建设来提升企业的安全管理水平,是对企业传统安全管理工作的一种创新,它超越了传统被动式的安全监督的局限。用安全文化去塑造每一位员工,从更深的文化层面激发员工"关注安全、关爱生命"的本能意识,体现了"预防为主"的安全管理精髓,由此才能确保安全规章的有效实施,提升安全管理的执行力,建立企业安全生产的长效机制。

道路运输企业安全文化包括 4 个方面,分别是安全精神文化、安全制度文化、安全行为文化、安全物质文化(图 3-13)。

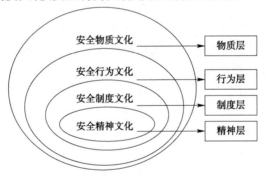

图 3-13　道路运输企业安全文化构成

安全精神文化是企业核心安全理念,包括决策层的安全承诺、领导层的安全价值观、员工履行安全工作的态度等。

安全制度文化是包括安全生产责任制度、驾驶员管理制度、车辆管理制度、安全教育和培训制度、安全监督检查制度、安全生产奖罚制度等制度的制度体系。

安全行为文化是包括安全行为规范、安全行为习惯、安全责任落实等的安全行为体系。

安全物质文化是企业为了保证安全而使用的各种保护员工或设备免受伤害的安全工具、器物和物品,即表层安全文化。

❷ 安全文化建设

1)安全文化建设的目标

道路运输企业安全文化建设目标是为道路运输安全营造一个亲和力很强的氛围。道路运输企业安全管理系统中的要素是人、设施(设备、车)和环境,其中最关键的因素是人。人是企业之根本,人是管理工作中最活跃、最能动的因素,能否调动职工的积极性,是企业安全管理成败的标志。

加强道路运输企业安全文化建设,当前要创新人性化的管理。人性化的管理强调人的主观能动性,对事故的发生,采取科学的态度,实事求是的精神。认识是行动的向导,对事故的正确态度应是从血淋淋的事实中,找出管理者和操作者自身存在的问题,掌握防止事故发生的本领。同时,将经验教训在企业干部职工的头脑中逐步消化、吸收、积累,成为指导安全实践的意识,达到多数人安全生产的目的。这也就是道路运输企业长期实行"安全第一、预防为主"的理论升华。

在对待制度的认识上,无规矩不成方圆,要重视规章制度的约束力,但对待制度人性化的管理采取的是与时俱进的态度。多数道路运输企业在安全管理上都有一套规章制度,对这些规章要进行很好的梳理,沿用对安全管理行之有效的,摒弃那些多余无用的,建立适应新的营运环境的新规章制度,使制度真正起到约束人、管理人,促进安全生产的作用。

在宣传教育的认识上,人性化的管理重视宣传形式,管好用好安全文化宣传阵地,如安全劝导牌、提示牌、标语牌和安全宣传栏;同时把宣传教育的形式向互联网等高科技领域拓展,开展网上教育。教育形式上,一改我说你听的传统教育形式,开展电视广播专题、安全文艺演出、安全文艺创作、安全体育比赛、安全理论研讨、事故案例等形式。鼓励行车人员和全体职工参与。宣传内容上,人性化的管理少用"严禁"、"不准",多用"请你注意",力求形象生动,平等对话,富有人情味。

2）安全文化建设的途径

安全文化绝不应是一种形式,而应该紧密结合道路运输的安全生产实践活动。企业可以从以下3方面入手,切实加强安全文化建设：

（1）编制企业安全文化手册。按照企业安全文化的构成,手册可以分为安全精神文化篇、安全制度文化篇、安全行为文化篇和安全物质文化篇。大力宣传企业安全文化手册,创造提高安全素养的氛围与环境,提升全员安全意识,使职工将遵守安全行为规范变成自觉自愿的行动。

（2）对企业安全文化进行评估。从文化和管理的角度对企业安全文化的发展状况进行定期评估和动态评估,分析企业安全文化的不足之处,揭示企业安全管理不善的内在原因,进而提出企业在不同阶段安全文化建设的发展方向,加强安全文化建设。

（3）将安全文化建设融合于各项工作之中,在企业中开展安全文化建设,不应该把安全文化看作特别的事务,而要在企业的总体理念、形象识别、工作目标与规划、岗位责任制制定、生产过程控制及监督反馈等各个方面融合进安全文化的内容。在企业中也许看不到、听不到"安全文化的词语",但在各项工作中处处、事事体现安全文化,这才是安全文化建设的实质。

3）安全文化建设的措施

现代道路运输,随着科学技术的高速发展,现代运输设备的技术性能日臻完善,高速公路的大量兴建,公路快速运输系统的初步建成,现代通信、各种监控手段日趋先进,这些对搞好行车安全,固然十分重要,但掌握、使用、处置这些先进技术设备,对安全生产起决定作用的仍是人。生产技术程度越高,人的管理地位越显重要。这就需要用先进的企业文化引导职工,加强职工的安全文化修养,培育职工安全自律与他律的意识。

(1)要重视企业职工安全素质的养成教育。

各道路运输企业要把全员安全培训放在首位。安全培训的目的:一是增强职工安全意识,变安全生产"要我干"为"我要干",变"要我管"为"我要管",变少数人管理为全员管理;二是提高全员安全素质,使管理者和操作者都能了解事故发生规律,掌握先进的安全管理设备,具备妥善处置突发事故的本领。

(2)要重视凝聚各方面力量。

党政工团要齐抓共管,各方面都要根据职工不同工种、不同岗位、不同心理特点,从各自工作角度,设计好活动载体,围绕企业安全生产创一流,开展各具特色、富有成效的活动。比如,各个时期的安全竞赛,安全月、安全周的竞赛,党政领导安全嘱咐,家属安全劝导,共青团安全监督等活动。

(3)要重视安全管理队伍的网络化建设。

要建立一个以行政领导为中心,向基层营运片区、营运单车辐射的安全管理网络。每一个层面都要有人负责,每一个层面都要做到人员、制度、方案、措施"四落实",每一个层面都要重视安全文化建设;每一个层面都能运用系统工程的原理、方法,分析、评价系统中的安全状态,及时发现、通报系统中的危险性。通过采取综合措施,使系统内发生事故减少到最低限度,真正做到安全生产,人人有责,使安全达到最佳状态。

(4)要重视持之以恒做好安全文化建设。

文化的熏陶功能是不能一竿见影的,企业安全文化建设,要做到月有安排、季有打算、年有筹划,每年都有所提高。日积月累,企业安全文化才会显示其独特的功能。

第六节 驾 驶 员

一、驾驶员的聘用

❶ 驾驶员职业适宜性选择

根据美国康局乃狄格州对 3 万名驾驶员驾驶记录调查的结果,发现其中有 4% 的人在 6 年里发生了占事故 36% 的事故。我们把这 4% 的人称为具有事故倾向性的事故多发者,他们人数不多,但发生的事故却占相当大的比例,其原因是这少数人在心理、生理特性方面存在着较大的个体差异性,正是由于这种差异性,使他们成为事故多发者。因此,他们是不适宜从事驾驶汽车工作的。所谓驾驶员职业适应性选择,就是把那些因生理、心理特性等因素不适宜从事驾驶汽车的少数事故多发者从驾驶员队伍中及时发现并排除出去。对于道路旅客运输企业的营运驾驶员,尤其应该谨慎选择。因为他们参与交通的程度,该时间长,而且往往会由于驾驶员的个人因素导致所有乘客的生命安全得不到保障。所以,对于道路旅客运输企业的职业驾驶员,除了要符合相关法律法规要求的申请驾驶员的基本条件外,还应从心理、生理、性格等方面从严选择,以确保企业的运输安全。

1)营运驾驶员适宜性选择内容

(1)身体选择

身体选择是发现和排除其生理条件和健康状况不能胜任驾驶工作的人。我国公安交通管理机关目前在驾驶员的身体条件和健康状况方面,主要检查其视力、听力、辨色能力、血压及循环系统、神经系统,另外还检查四肢、躯干、颈部的运动能力和身高。

(2) 文化选择

文化选择是发现和排除现有知识和文化水平不能胜任驾驶汽车的人。我国公安交通管理机关目前对驾驶员文化程度的要求是比较低的,即初中毕业为最低文化程度。事实上,根据汽车工业的发展,特别是电子技术在汽车上的普遍应用,在初中毕业作为驾驶员的最低文化程度已不能适应对职业驾驶员的要求。我们认为职业汽车驾驶员起码应具有职业高中的文化程度,才可以满足学习和安全驾驶的需要。

(3) 职业道德选择

职业道德选择是发现和排除那些精神风貌、社会公德、职业责任比较差,不适宜从事汽车驾驶的人员。驾驶员的职业道德主要体现在优质文明服务、对社会对他人负责及遵章守纪、安全礼貌行车等方面。

(4) 心理品质选择

心理品质选择是发现和排除那些感知特性、反应特性以及个人心理特征不适宜驾驶汽车的人员。心理品质选择是职业适宜性选择其中最重要最关键的内容。这一工作在发达国家早已开展,我国尚处于起步阶段,还有待进一步落实和提高。

(5) 驾驶技能选择

驾驶技能选择是发现和排除那些驾驶技能差、安全经验不足的驾驶员。对于从事道路旅客运输的驾驶员,驾驶技能的选择尤为重要。

2) 营运驾驶员适宜性选择方法

驾驶员职业适宜性选择中的身体选择主要是通过医学检查来实现,文化选择可通过查阅驾驶员档案和受教育情况并结合文化考核来实现。而心理品质选择则是一项十分复杂的工作,我国在这方面已建立了检测体系,并颁布了检测标准《职业汽车驾驶员适宜性检测评定方法》。

❷ 驾驶员聘用条件

道路旅客运输企业应当建立客运驾驶员聘用制度。依照劳动合同法,严格客运驾驶员录用条件,统一录用程序,对客运驾驶员进行面试,审核客运驾驶员安全行车经历和从业资格条件,积极实施驾驶适宜性检测,明确新录用客运驾驶员的试用期。客运驾驶员的录用应当经过企业安全生产管理部门的审核,并录入企业动态监控平台(或监控端)。

对三年内发生道路交通事故致人死亡且负同等以上责任的,交通违法记分有满分记录的,以及有酒后驾驶、超员 20%、超速 50% 或 12 个月内有三次以上超速违法记录的驾驶员,道路旅客运输企业不得聘用其驾驶客运车辆。

从事客运经营的驾驶人员,应当符合下列条件:
(1)取得相应的机动车驾驶证 1 年以上;
(2)年龄不超过 60 周岁;
(3)3 年内无重大以上交通责任事故;
(4)掌握相关道路旅客运输法规、机动车维修和旅客急救基本知识;
(5)经考试合格,取得相应的从业资格证件,即道路运输证和机动车驾驶证。

二、驾驶员的管理

(1)道路旅客运输企业应当建立客运驾驶员从业行为定期考核制度。客运驾驶员从业行为定期考核的内容主要包括:客运驾驶员违法驾驶、交通事故、服务质量、安全运营、安全操作规程执行情况,参加教育与培训情况以及客运驾驶员心理和生理健康状况等。考核的周期不大于 3 个月。客运驾驶员从业行为定期考核的结果应与企业安全生产奖惩制度挂钩。

（2）道路旅客运输企业应当建立客运驾驶员信息档案管理制度。客运驾驶员信息档案实行一人一档，包括客运驾驶员基本信息、客运驾驶员体检表、安全驾驶信息、诚信考核信息等情况。

（3）道路旅客运输企业应当建立客运驾驶员调离和辞退制度。对交通违法记满分、诚信考核不合格，以及从业资格证被吊销的客运驾驶员要及时调离或辞退。

（4）道路旅客运输企业应当建立客运驾驶员安全告诫制度。安全管理人员对客运驾驶员出车前进行询问、告知，督促客运驾驶员做好对车辆的日常维护和检查，防止客运驾驶员酒后、带病或者带不良情绪上岗。

（5）道路旅客运输企业应当建立防止客运驾驶员疲劳驾驶制度。关心客运驾驶员的身心健康，定期组织客运驾驶员进行体检，为客运驾驶员创造良好的工作环境，合理安排运输任务，防止客运驾驶员疲劳驾驶。

（6）对驾驶员进行法律、法规、规章制度、操作规程、职业健康、危险有害因素辨识、应急救援等相关安全知识的宣传教育培训。

（7）建立考核机制，定期对驾驶员进行考核。

（8）定期对驾驶员进行日常安全检查，并协助有关部门做好驾驶员的审验工作。

（9）客运驾驶员在从事道路运输活动时，应当携带相应的从业资格证件，并应当遵守国家相关法规和道路运输安全操作规程，不得违法经营、违章作业。

（10）客运驾驶员从事道路运输活动时不得超载运输，连续驾驶时间不得超过4小时，每天累计驾驶时间不得超过8小时。

（11）客运驾驶员应按照规定填写行车日志。如图3-14所示。

图 3-14　行车日志

（12）客运驾驶员应当采取必要措施保证旅客的人身和财产安全，发生紧急情况时，应当积极进行救护。如图 3-15 所示。

图 3-15　救护乘客

三、驾驶员的审验

❶ 驾驶员审验的内容和方法

驾驶员审验的重点内容是审查驾驶员安全行车及违章、肇事是否及时得到处理，驾驶员的心理、生理因素及健康状况是否适宜继续驾驶汽车；其次还要组织驾驶员学习交通法规和行车安全方面的知识，考察驾驶员的思想政治表现以及组织纪律、驾驶作风、职业道德等情况；最后还要了解驾驶员技术状况以及是否经常驾驶汽车等情况。

驾驶员的审验工作由驾驶员所在企业安全管理机构配合公安交通管理机关进行，其方法灵活多样。一般由企业安全管理人员组织驾驶员对其进行安全教育，学习交通法规及相关审验文件；在学习教育的基础上总结交流安全行车经验，分析典型交通事故，自查互查遵章守纪和安全行车情况，由驾驶员作出自我总结和鉴定，在小组会议上评议和复查；最后由公安交通管理机关审核违章、肇事是否已处理，对已经处理的驾驶员经审查合格后，进行生理、心理素质检测和健康检查，合格者填写《年度审验登记表》，在驾驶证和年度审验表上签注审验合格章。

❷ 驾驶员审验的有关规定

（1）凡持有《中华人民共和国机动车驾驶证》的驾驶员（包括实习期）必须参加审验，经审验合格并办理签章后，方具有驾驶资格。实习驾驶员参加审验学习，不办理审验合格签章等手续。

（2）凡持有 A（大型客车）、B（大型货车）、N（无轨电车）、P（有轨电车）类准驾车型驾驶证者，持有 C（小型汽车）类准驾车型驾驶证者，年龄超过 60 周岁者，每年审验一次，必须检查身体和进行心理、生理检测。凡持有其他准驾车型驾驶证的驾驶员每两年审验一次，可免除检查身体情况，心理、生理检测视具体情况而定。

（3）审验时对年龄超过 60 周岁的，注销准驾车型 A、B、N、P 类驾驶证。

（4）对在外地因故不能返回接受审验的驾驶员，可委托外地车辆管理所代理。

(5)对违章和事故未处理的驾驶员,待处理结束后补办审验手续。

(6)对被吊扣驾驶证未满期限的驾驶员,待吊扣期限满后补办审验。

(7)对受刑事处分的驾驶员不予审验。

(8)未记载审验合格签章的驾驶证,其驾驶员不具备驾驶资格。

四、驾驶员素质对安全驾驶的影响因素

道路运输的开放性特点以及运输生产采取的单独驾驶作业方式,决定了驾驶员是影响道路交通安全的重要因素,特别是在我国混合交通比较常见的情况下更是如此。经过仔细分析可知,其中一个最根本的原因就是驾驶员素质低下,与我国复杂的道路交通环境不适应。

驾驶员的素质主要包括:身体素质、心理素质、驾驶技能素质、职业道德素质和安全文化素质。

❶ 驾驶员的身体素质对行车安全的影响

机动车驾驶员首先必须要有一个适应驾驶工作环境的健康体质,才能适应现代汽车及运输行业的发展,才能在各种不同道路环境和气候条件下安全、优质地完成工作任务。目前,我国交通事故属于身体素质方面的原因占驾驶员的10%左右,虽然,《机动车驾驶证申请和使用规定》对其申请驾驶证的身体条件有具体规定,但有学者认为目前对驾驶员的身体条件检查存在两点不足之处:首先放松了身体检验标准。随着社会的发展和生活需求,学习和掌握驾驶技术的人越来越多,有些初学驾驶员未经医疗部

门体检,有的在视力、听力、辨色能力等条件上根本没有达到标准要求,甚至可能少数人还存在着妨碍安全驾驶的疾病或生理缺陷。其次,随着科学技术成果在汽车上的大量应用,机动车速度越来越快,交通情况越来越复杂,而在行车中,车速越高,驾驶员注视点就越远,视野越窄,驾驶员注意力随之引向景物中心而看不清两侧较远的情况,形成所谓的"隧道视觉"而危及行车安全。因此,随着交通条件的改变,在行车速度提高的同时对驾驶员的身体素质要求就越来越高。驾驶员身体检验时(尤其职业驾驶员),除了检查他们的静视力、辨色力外,还很有必要用先进的设备检查动视、视野、反应和立体视觉等,以提高驾驶员队伍的身体素质。

1)视觉对安全行车的影响

视觉机能是影响驾驶员最重要的感觉功能,驾驶员在行车过程中有80%以上的信息都是通过视觉获得的,驾驶员具有良好的视觉特性,才能保障行车安全。视觉机能包括视力、视野、空间知觉、暗适应与明适应、色觉等。

2)年龄与安全行车的关系

从历年来的交通事故中可以看出,30岁以下及55以上的驾驶员道路交通事故发生率较高。

30岁以下的驾驶员称为青年驾驶员,他们精力充沛,思维敏捷,处在人生的黄金时期,但同时,该阶段也是受到外界影响因素最多、情绪多变的时期,容易受到外界因素分散注意力、情绪波动,开斗气车等情况发生,对安全驾驶极为不利。另外,青年人的精神和运动机能处于急速发展期,对社会和自然的认识尚未成熟,驾驶经验不足,也会影响行车安全。

青年人正处于事业的起始阶段,极富冒险精神,喜欢寻求刺激,争强好胜,这是人的本性,特别是男性驾驶员尤为如此。在具体的驾驶行为中,表现为青年男性驾驶员喜欢超车、超速、抢道行驶,以体现其驾驶技能高超,或车辆性能优越,从而在心理上得到一种胜利者的满足感,有时会不自觉地产生一种赛车心态。所有这些心理的潜意识都容易导致事故的发生。

对于55岁以上年龄段的驾驶员,虽然心理状态比较稳定,驾驶技能也比较娴熟,但由于年龄的增长,生理技能逐渐发生变化,身心机能处于较低水平,特别是在视觉机能和反应敏捷性等方面与年轻人相比有较大的下降,所以增大了发生交通事故的危险。

❷ 驾驶员的心理素质对行车安全的影响

机动车驾驶员的心理素质与驾驶安全是息息相关的,心理素质主要包括反应、性格、情绪和注意力四个方面,这些都随着人的生理素质、社会经历和实践活动的不同而有所差异。在交通事故中,因为心理素质方面原因造成的交通事故约占驾驶员原因的60%左右。

1) 注意力对行车安全的影响

注意力是指人的心理活动指向并集中于某一对象时的心理形式。驾驶员的注意力是指在行车途中,心理活动有选择地指向和保持集中于一定的道路交通信息。驾驶员在正常行驶过程中,其注意力主要包括以下几方面:

(1) 注意广度。由于驾驶员时刻面临大量的、复杂的道路交通信息,所以只有保持一定的注意广度,才能从中获取有效信息。

(2) 注意分配。驾驶员在行车过程中,必须把注意有效地分配在有关道路交通信息上,才能作出适当的、及时的反应。通常以选择注意能力作为评价指标。选择注意能力代表了驾驶员在当前情景下不同信息竞争后的选择和指向。

(3) 注意稳定。个体对某一事故保持注意的时间存在个体差异。而驾驶员在行驶过程中,需要在一定时间内把注意集中于一定的交通信息,注视和预测交通状况的发展,才能作出适当的反

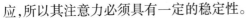

应,所以其注意力必须具有一定的稳定性。

(4)注意转移。即指驾驶员积极、有效地把注意力从一种信息转移到另一种信息上,驾驶员只有合理地进行注意转移,才能对各种信息作出正确的选择。

2)反应特性对安全驾驶的影响

驾驶员的反应特性对安全驾驶有重要影响,从大量的测试和事故统计分析来看,驾驶员的反应特性与交通事故的关系存在如下规律。

(1)反应时间长的最容易发生事故。反应时间长,往往错失采取措施的良机,容易酿成事故。紧急制动中反应慢就是一例。

(2)反应时间稳定性差的驾驶员容易发生事故。用选择反应检测仪对驾驶员进行测定,还发现有些驾驶员每次所测的反应时间很不稳定,时间长短或者突发性的反应迟钝现象常有出现,这些人即使让其紧张起来,努力持续地重新接受检测,其反应的不稳定性和突发性的延迟仍然发生。从事故调查来看,这类人事故发生概率也很高。

(3)复杂反应中错误反应多的人容易发生事故。我们在大量检测调查中还发现,错误反应次数多的人,事故率较高。分析原因,一是错误反应多的人,大脑中枢识别判断的功能差,这样就容易作出错误决策;另一个原因是性格急躁,在没有判断清楚之前就采取行动,即"动作优先"。

3)情绪对安全驾驶的影响

一般来说,驾驶员在积极的情绪状态下,差错失误比较少,工作效率也高;而在消极的状态下,不但效率低下,而且精神不振,反应迟钝,观察和思考的主动性降低,操作失误增多,自然会对安全驾驶带来严重的不利因素。为了确保驾驶员的安全驾驶,企业要时刻关注驾驶员的情绪变化,如果发现驾驶员情绪严重低落,就应暂停驾驶工作,以确保安全。另外,作为驾驶员也要学会控制和调节消极情绪的方法。

4）性格与安全驾驶的关系

性格是人对客观现实稳固的态度以及与之适应的习惯的行为方式的心理特征,是个性的重要方面。

性格与气质在概念上有所不同。简单地说,气质主要指情绪反应的特征,而性格除了包括情绪反应特征之外,更主要的还包括意志反应特征,而且前者比较稳定,后者易受到环境影响而变化,即具有可塑性。

❸ 驾驶技能素质对行车安全的影响

在我国,由于道路交通以混合交通为多,对驾驶员的驾驶经验及熟练的驾驶技能要求比较高,而低驾龄的年轻驾驶员上路时间短,技术不够熟练,再加上心理素质不稳定,易冲动,往往容易导致交通事故。

驾驶员的技能素质包括驾驶技术和安全行车经验两个方面。据统计分析表明,因驾驶技术水平低造成的交通事故占驾驶员原因导致交通事故总数的40%左右。其主要表现为:对路况估计不足,跟车距离太近,车速过高、采取措施不当等。

❹ 职业道德素质对行车安全的影响

职业道德是指从事一定职业的人,在工作过程中,应遵循与其职业特点相适应的行为道德规范的总和。道路交通事故的发生一般都是驾驶员违章造成的,而机动车驾驶员的职业道德水准对违章驾驶的严重影响,与道路交通安全有着密切的关系。

驾驶员职业道德素质低,不仅会由于违章而引发事故,而且还会导致交通事故发生后的逃逸事件发生,使受伤者错过了最佳抢救时机,从而直接威胁到受伤者的生命健康安全。

加强驾驶员的职业道德素质教育,消除驾驶员的各种不良行为,是保证安全行车的必要条件。各级交通管理部门及有关单位必须加强对驾驶员的职业道德素质教育,提高驾驶员的事业心和责任感,树立良好的职业道德观念,做到谨慎驾驶、安全行车。与此同时,广大驾驶员也要自觉地增强职业道德意识,遵纪守法,以对自己、对家人、对社会负责的态度来安全驾驶,确保自己和他人的生命财产安全不受伤害。

❺ 安全文化对行车安全的影响

文化程度与人们认识问题、处理问题的能力有关联,文化程度不同,处理问题的方式也不同。对交通安全问题,不同文化程度的驾驶员安全态度是不一样的。对文化程度与道路交通事故关系分析发现,文化程度越高,对安全越重视,越易于养成良好的安全驾驶行为,发生事故的可能性越低。

五、客运驾驶员的法律责任

(1)有下列行为之一的客运驾驶员,由县级以上道路运输管理机构责令改正,处200元以上2000元以下的罚款;构成犯罪的,依法追究刑事责任:

①未取得相应从业资格证件,驾驶道路客运车辆的;

②使用失效、伪造、变造的从业资格证件,驾驶道路客运车辆的;

③超越从业资格证件核定范围,驾驶道路客运车辆的。

(2)客运驾驶员有下列不具备安全条件情形之一的,由发证机关吊销其从业资格证件:

①身体健康状况不符合有关机动车驾驶和相关从业要求且没有主动申请注销从业资格的;

②发生重大以上交通事故,且负主要责任的;

③发现重大事故隐患,不立即采取消除措施,继续作业的。

被吊销的从业资格证件应当由发证机关公告作废并登记归档。

第三章　企业安全生产管理基础

第七节　营运管理

一、运营许可及要求

（1）道路旅客运输企业应当按照道路运输管理机构决定的许可事项从事客运经营活动，不得转让、出租道路运输经营许可证件，不得挂靠经营。

（2）道路客运企业的全资或者绝对控股的经营道路客运的子公司，其自有营运客车在 10 辆以上或者自有中高级营运客车 5 辆以上时，可按照其母公司取得的经营许可从事客运经营活动。

（3）经许可机关同意，在农村客运班线上运营的班车可采取区域经营、循环运行、设置临时发车点等灵活的方式运营。

（4）客运班车应当按照许可的线路、班次、站点运行，在规定的途经站点进站上下旅客，无正当理由不得改变行驶线路，不得站外上客或者沿途揽客。如图 3-16、图 3-17 所示。

图 3-16　禁止站外上客

图 3-17　不得沿途揽客

(5)客运车辆驾驶人员应当随车携带《道路运输证》、《从业资格证》等有关证件,在规定位置放置客运标志牌(图 3-18)。客运班车驾驶人员还应当随车携带《道路客运班线经营许可证明》。

图 3-18　客车市际班线标志牌

(6)遇有下列情况之一,客运车辆可凭临时客运标志牌运行:
①原有正班车已经满载,需要开行加班车的;
②因车辆抛锚、维护等原因,需要接驳或者顶班的;
③正式班车客运标志牌正在制作或者不慎灭失,等待领取的。

(7)凭临时客运标志牌运营的客车应当按正班车的线路和站点运行。属于加班或者顶班的,还应当持有始发站签章并注明事由的当班行车路单;班车客运标志牌正在制作或者灭失的,还应当持有该条班线的《道路客运班线经营许可证明》或者《道路客运班线经营行政许可决定书》的复印件。

(8)客运包车应当凭车籍所在地道路运输管理机构核发的包车客运标志牌,按照约定的时间、起始地、目的地和线路运行,并持有包车票或者包车合同,不得按班车模式定点定线运营,不得招揽包车合同外的旅客乘车。客运包车除执行道路运输管理机构下达的紧急包车任务外,其线路一端应当在车籍所在地。省际、市际客运包车的车籍所在地为车籍所在的地区(图3-19);县际客运包车的车籍所在地为车籍所在的县。非定线旅游客车可持注明客运事项的旅游客票或者旅游合同取代包车票或者包车

图3-19 市际包车

合同。

（9）省际临时客运标志牌、省际包车客运标志牌由省级道路运输管理机构按照交通运输部的统一式样印制，交由当地县以上道路运输管理机构向道路旅客运输企业核发。省际包车客运标志牌和加班车、顶班车、接驳车使用的省际临时客运标志牌在一个运次所需的时间内有效，因班车客运标志牌正在制作或者灭失而使用的省际临时客运标志牌有效期不得超过30天。

（10）从事省际包车客运的企业应按照交通运输部的统一要求，通过运政管理信息系统向车籍地道路运输管理机构备案后方可使用包车标志牌。省内临时客运标志牌、省内包车客运标志牌样式及管理要求由各省级交通主管部门自行规定。在春运、旅游"黄金周"或者发生突发事件等客流高峰期运力不足时，道路运输管理机构可临时调用车辆技术等级不低于三级的营运客车和社会非营运客车开行包车或者加班车。非营运客车凭县级以上道路运输管理机构开具的证明运行。

二、经营方式

道路旅客运输经营，是指用客车运送旅客、为社会公众提供服务、具有商业性质的道路客运活动。

道路旅客运输经营方式主要有：班车（加班车）客运、包车客运、旅游客运。

❶ 班车客运及其划分

班车客运，是指营运客车在城乡道路上按照固定的线路、时间、站点、班次运行的一种客运方式。

班车客运包括：直达班车客运和普通班车客运。加班车客运是班车客运的一种补充形式，在客运班车不能满足需要或者无法正常运营时,临时增加或者调配客车按客运班车的线路、站点运行的方式。

1)直达班车客运

直达班车客运,是指由始发站直达终点、中途只作必要的停歇,但不上下旅客的班车客运。

2)普通班车客运

普通班车客运,是指站距较短,在途中的站、点(含招呼站)都要停靠上下旅客的班车客运。

3)加班车客运

加班车,是指在客流量高峰时期,在正班车不能满足旅客的乘车需要时,道路运输企业增开的班车。加班车不列入公告的班次时刻表。需开行加班车时,在开行前一天公告,或在开行前临时公告,即时售票上车。如图3-20所示。

图3-20 班车客运

❷ 包车客运及其划分

包车客运，是指以运送团体旅客为目的，将客车包租给用户安排使用，提供驾驶劳务，按照约定的起始地、目的地和路线行驶，按行驶里程或者包用时间计费并统一支付费用的一种客运方式。

1）按照其经营区域划分

（1）省际包车客运。

（2）省内包车客运。

省内包车客运分为：市际包车客运、县际包车客运和县内包车客运。

2）按计费方法不同划分

（1）计程包车。

（2）计时包车。

❸ 旅游客运及其划分

旅游客运，是指以运送旅游观光的旅客为目的，在旅游景区内运营或者其线路至少有一端在旅游景区（点）的一种客运方式。

旅游客运从营运组织形式上可分为：旅游班车和旅游包车两种形式。

1）旅游班车

旅游班车，是实行定班、定线、定时，在风景浏览点和城市及景点与景点之间的线路上运营的班车，服务对象是旅游者。

2）旅游包车

旅游包车，是按照用户要求的线路、景点、时间等，运送团体旅游者的旅游客运。

三、运输线路

道路旅客运输线路，是指营业性运输客车的运行路径，它以始发点、经过点、到达点为路径界限。

按经营项目和营运方式,道路旅客运输线路划分为:班车客运线路、旅游客运线路等。包括营运客车运行的路线、班次、发车时间和停靠站点。

❶ 班车客运线路

班车客运线路根据经营区域和营运线路长度分为 4 种类型。

1）一类客运班线

地区所在地与地区所在地之间的客运班线或者营运线路长度在 800 公里以上的客运班线。

2）二类客运班线

地区所在地与县之间的客运班线。

3）三类客运班线

非毗邻县之间的客运班线。

4）四类客运班线

毗邻县之间的客运班线或者县境内的客运班线。

❷ 旅游客运线路

旅游客运线路须有固定的发车点和浏览点,旅游班车须按公告的线路行驶、停靠,并应保证乘客有足够的浏览时间。

旅游客运按照营运方式分为:

(1)定线旅游客运。定线旅游客运按照班车客运管理。

(2)非定线旅游客运。非定线旅游客运按照包车客运管理。

另外,包车客运在我国还没有专门的运输企业,是一般客运企业的一种附带的运输服务经营方式,其经营方式是用户预约,企业按用户的要求派车,并按用户的要求行驶与停靠,没有固定的线路。

四、运营安全管理

道路旅客运输的基本任务是最大限度地满足人民群众对出行的需要,尽可能地为旅客提供物质和文化方面的良好服务,保证安全、经济、便利地将旅客送往目的地。

旅客从进站购票、候车、乘车至到达目的地后下车离开车站的整个过程是旅客运输的全过程。在运输过程中,运输单位要按照运输工作的基本原则照顾好旅客,为旅客服务并及时处理出现的问题,包括旅客受到意外伤害以及遇到的各种困难,尽最大努力保证旅客生命财产的安全。企业在运营过程中应做到以下几点:

(1) 不得强迫旅客乘车,不得中途将旅客交给他人运输或者甩客,不得敲诈旅客,不得擅自更换客运车辆,不得阻碍其他经营者的正常经营活动。如图 3-21 所示。

图 3-21　客车不得中途甩客

(2) 严禁客运车辆超载运行,在载客人数已满的情况下,允许再搭乘不超过核定载客人数 10% 的免票儿童。客运车辆不得违反规定载货。如图 3-22 所示。

图 3-22　客车不得载货

（3）应当遵守有关运价规定，使用规定的票证，不得乱涨价、恶意压价、乱收费。

（4）应当在客运车辆外部的适当位置喷印企业名称或者标识，在车厢内显著位置公示道路运输管理机构监督电话、票价和里程表。如图 3-23 所示。

图 3-23　客车外部标识

(5)企业应当为旅客提供良好的乘车环境,确保车辆设施、设备齐全有效,保持车辆清洁、卫生,并采取必要的措施防止在运输过程中发生侵害旅客人身、财产安全的违法行为。

(6)当运输过程中发生侵害旅客人身、财产安全的治安违法行为时,道路旅客运输企业在自身能力许可的情况下,应当及时向公安机关报告并配合公安机关及时终止治安违法行为。

(7)不得在客运车辆上从事播放淫秽录像等不健康的活动。

(8)应当为旅客投保承运人责任险。

(9)企业在安排运输任务时应当严格要求客运驾驶员在24小时内累计驾驶时间不得超过8小时(特殊情况下可延长2小时,但每月延长的总时间不超过36小时),连续驾驶时间不得超过4小时,每次停车休息时间不少于20分钟。对于单程运行里程超过400公里(高速公路直达客运600公里)的客运车辆,企业应当配备两名以上客运驾驶员。对于超长线路运行的客运车辆,企业要积极探索接驳运输的方式,创造条件,保证客运驾驶员停车换人、落地休息。对于长途卧铺客车,企业要合理安排班次,尽量减少夜间运行时间。如图3-24所示。

图3-24　勿疲劳驾驶

（10）对于三级以下（含三级）山区公路达不到夜间安全通行要求的路段，道路旅客运输企业不应在夜间（晚22时至早6时）安排营运客车在该路段运行。

（11）道路旅客运输企业应当对途经高速公路的营运客车乘客座椅安装符合标准的安全带。驾乘人员负责做好宣传工作，发车前、行驶中要督促乘客系好安全带。如图3-25所示。

图 3-25　系好安全带

（12）道路旅客运输企业应当与汽车客运站签订进站协议，明确双方的安全责任，严格遵守汽车客运站安全生产的有关规定。

五、动态监控

道路旅客运输企业应当按照标准建设道路运输车辆动态监控平台，或者使用符合条件的社会化卫星定位系统监控平台（以下统称监控平台），对所属道路运输车辆和驾驶员运行过程进行实时监控和管理。道路运输企业新建或者变更监控平台，在投入使用前应当通过有关专业机构的系统平台标准符合性技术审查,并向原发放《道路运输经营许可证》的道路运输管理机构备案。

旅游客车、包车客车、三类以上班线客车在出厂前应当安装符合标准的卫星定位装置。

道路运输经营者应当选购安装符合标准的卫星定位装置的车辆,并接入符合要求的监控平台。

道路运输企业应当在监控平台中完整、准确地录入所属道路运输车辆和驾驶人员的基础资料等信息,并及时更新。

道路旅客运输企业监控平台应当接入全国重点营运车辆联网联控系统(以下简称联网联控系统),并按照要求将车辆行驶的动态信息和企业、驾驶人员、车辆的相关信息逐级上传至全国道路运输车辆动态信息公共交换平台(图3-26)。

图3-26　GPS动态监控平台

道路旅客运输企业应当配备专职监控人员。专职监控人员配置原则上按照监控平台每接入100辆车设1人的标准配备,最低不少于2人。

道路运输企业应当建立健全动态监控管理相关制度,规范动态监控工作:

(1) 系统平台的建设、维护及管理制度；
(2) 车载终端安装、使用及维护制度；
(3) 监控人员岗位职责及管理制度；
(4) 交通违法动态信息处理和统计分析制度；
(5) 其他需要建立的制度。

道路运输企业应当根据法律法规的相关规定以及车辆行驶道路的实际情况，按照规定设置监控超速行驶和疲劳驾驶的限值，以及核定运营线路、区域及夜间行驶时间等，在所属车辆运行期间对车辆和驾驶员进行实时监控和管理。

设置超速行驶和疲劳驾驶的限值，应当符合客运驾驶员 24 小时累计驾驶时间原则上不超过 8 小时，日间连续驾驶不超过 4 小时，夜间连续驾驶不超过 2 小时，每次停车休息时间不少于 20 分钟，客运车辆夜间行驶速度不得超过日间限速 80% 的要求。

监控人员应当实时分析、处理车辆行驶动态信息，及时提醒驾驶员纠正超速行驶、疲劳驾驶等违法行为，并记录存档至动态监控台账；对经提醒仍然继续违法驾驶的驾驶员，应当及时向企业安全管理机构报告，安全管理机构应当立即采取措施制止；对拒不执行制止措施仍然继续违法驾驶的，道路运输企业应当及时报告公安机关交通管理部门，并在事后解聘驾驶员。

动态监控数据应当至少保存 6 个月，违法驾驶信息及处理情况应当至少保存 3 年。对存在交通违法信息的驾驶员，道路运输企业在事后应当及时给予处理。

道路运输经营者应当确保卫星定位装置正常使用，保持车辆运行实时在线。

卫星定位装置出现故障不能保持在线的道路运输车辆，道路运输经营者不得安排其从事道路运输经营活动。

不得破坏卫星定位装置以及恶意人为干扰、屏蔽卫星定位装置信号，不得篡改卫星定位装置数据。

卫星定位系统平台应当提供持续、可靠的技术服务,保证车辆动态监控数据真实、准确,确保提供监控服务的系统平台安全、稳定运行。

道路旅客运输企业应当运用动态监控手段做好营运车辆的组织调度,并及时发送重特大道路交通事故通报、安全提示、预警信息。

第四章 车辆管理

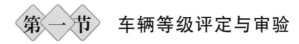

车辆等级评定与审验

道路旅客运输企业应当依据国家有关技术规范对客运车辆进行定期维护，确保客运车辆技术状况良好。

客运车辆的维护作业项目和程序，应当按照国家标准《汽车维护、检测、诊断技术规范》（GB 18344）等有关技术标准的规定执行。

严禁任何单位和个人为道路旅客运输企业指定车辆维护企业；车辆二级维护执行情况不得作为道路运输管理机构的路检路查项目。

道路旅客运输企业应当定期进行客运车辆检测，车辆检测结合车辆定期审验的频率一并进行。

道路旅客运输企业应在规定时间内，到符合国家相关标准的机动车综合性能检测机构进行检测。机动车综合性能检测机构按照国家标准《营运车辆综合性能要求和检验方法》（GB 18565）和《道路车辆外廓尺寸、轴荷和质量限值》（GB 1589）的规定进行检测，出具全国统一式样的检测报告，并依据检测结果，对照行业标准《营运车辆技术等级划分和评定要求》（JT/T 198）进行车辆技术等级评定。客运车辆技术等级分为一级、二级和三级。

营运客车类型等级评定由县级以上道路运输管理机构依据

行业标准《营运客车类型划分及等级评定》(JT/T 325)和交通运输部颁布的《营运客车类型划分及等级评定规则》的要求实施。

县级以上道路运输管理机构应当定期对客运车辆进行审验,每年审验一次。审验内容包括:

(1)车辆违章记录;

(2)车辆技术档案;

(3)车辆结构、尺寸变动情况;

(4)按规定安装、使用符合国家标准的行车记录仪情况;

(5)道路旅客运输企业为客运车辆投保承运人责任险情况。

审验符合要求的,道路运输管理机构在《道路运输证》审验记录栏中注明;不符合要求的,应当责令限期改正或者办理变更手续。如图4-1所示。

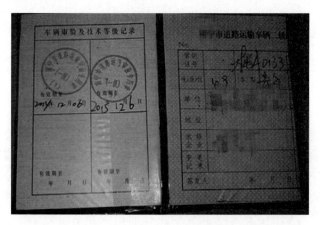

图4-1　车辆审验及技术等级记录

道路旅客运输企业不得使用已达到报废标准、检测不合格、非法拼(改)装等不符合运行安全技术条件的客车以及其他不符合国家规定的车辆从事道路旅客运输经营。

第二节 车辆安全设施

道路旅客运输企业应当定期检查车内安全带、安全锤、灭火器、故障车警告标志的配备是否齐全有效,确保安全出口通道畅通,应急门、应急顶窗开启装置有效,开启顺畅,并在车内明显位置标示客运车辆行驶区间和线路、经批准的停靠站点。

一、安全带

道路客车车辆均应按规定装置汽车安全带,卧铺客车的每个铺位均应安装两点式汽车安全带。汽车安全带应可靠有效,安装位置应合理,固定点应有足够强度。如图 4-2 所示。

图 4-2　客车安全带

二、灭火器

客车应装备灭火器,灭火器在车上应安装牢靠并便于取用。仅有一个灭火器时,应设置在驾驶员附近;当有多个灭火器时,应在客厢内按前、后,或前、中、后分布,其中一个应靠近驾驶员座椅。如图 4-3 和图 4-4 所示。

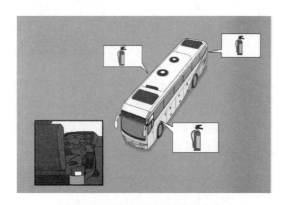

图4-3　客车内灭火器位置

图4-4　客车配备的安全设施、工具

三、应急门

应急门的净高应大于等于1250mm,净宽应大于等于550mm;但车长小于等于7m的客车,应急门的净高应大于等于1100mm,

如自门洞最低处向上400mm以内有轮罩凸出,则在轮罩凸出处应急门净宽可减至300mm。

通向应急门的引道宽度应大于等于300mm,不足300mm时允许采用迅速翻转座椅的方法加宽引道。专用校车沿引道侧面设有折叠座椅时,在折叠座椅打开的情况下(对在不使用时能自动折叠的座椅,在座椅处于折叠位置时),引道宽度仍应大于等于300mm。

应急门应有锁止机构且锁止可靠。应急门关闭时应能锁止,且在车辆正常行驶情况下不会因车辆振动、颠簸、冲撞而自行开启。

当车辆停止时,应急门不用工具应能从车内外很方便打开,并设有车门开启声响报警装置。允许从车外将门锁住,但应保证始终能用正常开启装置从车内将其打开,门外手柄应设保护套,且离地面高度(空载时)应小于等于1800mm。

客车应急逃生出口,如图4-5所示;车门应急开关,如图4-6所示。

图4-5 客车应急逃生出口

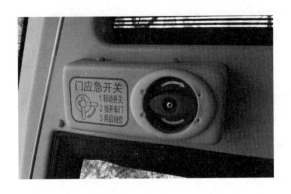

图 4-6　车门应急开关

四、应急窗

应急窗(图 4-7)应采用易于迅速从车内、外开启的装置;或在钢化玻璃上标明易击碎的位置,并在每个应急窗的邻近处提供一个应急锤(图 4-8)以方便地击碎车窗玻璃,且应急锤取下时应能通过声响信号实现报警。

图 4-7　应急窗

应急顶窗(图4-9)应易于从车内、外开启或移开或用应急锤击碎。应急顶窗开启后,应保证从车内外进出的畅通。弹射式应急顶窗应能防止误操作。

图4-8 应急锤

图4-9 应急顶窗

企业应当在车厢内前部、中部、后部明显位置标示客运车辆车牌号码、核定载客人数和投诉举报座机、手机电话,方便旅客监督举报。如图4-10所示。

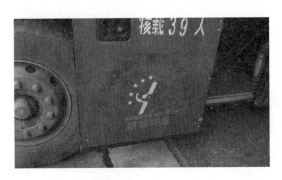

图 4-10　客车外部标识

第三节　车辆技术管理

一、客运车辆技术要求

从事道路客运经营的客车技术要求,必须满足如下条件:

(1)车辆的外廓尺寸、轴荷和最大允许总质量,应当符合《道路车辆外廓尺寸、轴荷及质量限值》(GB 1589)的要求。

(2)车辆的技术性能,应当符合《道路运输车辆综合性能要求和检验方法》(GB 18565)的要求。

(3)车型的燃料消耗量限值,应当符合《营运客车燃料消耗量限值及测量方法》(JT 711)的要求。

(4)车辆技术等级应当达到二级以上。国际道路运输车辆、从事高速公路客运以及营运线路长度在 800 公里以上的客车,技术等级应当达到一级。技术等级评定方法应当符合国家有关道路运输车辆技术等级划分和评定的要求。

(5)从事高速公路客运、包车客运、国际道路旅客运输,以及营运线路长度在 800 公里以上客车的类型等级应当达到中级以上。其类型划分和等级评定应当符合国家有关营运客车类型划分及等级评定的要求。

(6)本规定所称高速公路客运,是指营运线路中高速公路里程在 200 公里以上或者高速公路里程占总里程 70% 以上的道路客运。

二、客运车辆数量要求

(1)经营一类客运班线的班车客运经营者,应当自有营运客车 100 辆以上、客位 3000 个以上。其中高级客车在 30 辆以上、客位 900 个以上;或者自有高级营运客车 40 辆以上、客位 1200 个以上。

(2)经营二类客运班线的班车客运经营者,应当自有营运客车 50 辆以上、客位 1500 个以上。其中中高级客车在 15 辆以上、客位 450 个以上;或者自有高级营运客车 20 辆以上、客位 600 个以上。

(3)经营三类客运班线的班车客运经营者,应当自有营运客车 10 辆以上、客位 200 个以上。

(4)经营四类客运班线的班车客运经营者,应当自有营运客车 1 辆以上。

(5)经营省际包车客运的经营者,应当自有中高级营运客车 20 辆以上、客位 600 个以上。

(6)经营省内包车客运的经营者,应当自有营运客车 5 辆以上、客位 100 个以上。

三、车辆技术管理

道路旅客运输企业车辆技术管理应包括以下几个方面:

(1)应当遵守有关法律法规、标准和规范,认真履行车辆技术管理的主体责任,建立健全管理制度,加强车辆技术管理。

(2)鼓励设置相应的部门负责车辆技术管理工作,并根据车辆数量和经营类别配备车辆技术管理人员,对车辆实施有效的技术管理。

(3)应当加强车辆维护、使用、安全和节能等方面的业务培训,提升从业人员的业务素质和技能,确保车辆处于良好的技术状况。

(4)应当根据有关道路运输企业车辆技术管理标准,结合车辆技术状况和运行条件,正确使用车辆。

(5)鼓励企业依据相关标准要求,制定车辆使用技术管理规范,科学设置车辆经济、技术定额指标并定期考核,提升车辆技术管理水平。

(6)建立车辆技术档案制度,实行一车一档。档案内容应当主要包括:车辆基本信息,车辆技术等级评定、客车类型等级评定或者年度类型等级评定复核、车辆维护和修理(含《机动车维修竣工出厂合格证》)、车辆主要零部件更换、车辆变更、行驶里程、对车辆造成损伤的交通事故等记录。档案内容应当准确、翔实。车辆技术档案管理系统,如图4-11所示。

图4-11　车辆技术档案管理系统

(7)车辆所有权转移、转籍时,车辆技术档案应当随车移交。

(8)应当运用信息化技术做好道路运输车辆技术档案管理工作。

四、车辆维护与维修

企业应当建立车辆维护制度,车辆维护分为日常维护、一级维护和二级维护。日常维护由驾驶员实施,一级维护和二级维护由企业组织实施,并做好记录。

企业应当依据国家有关标准和车辆维修手册、使用说明书等,结合车辆类别、车辆运行状况、行驶里程、道路条件、使用年限等因素,自行确定车辆维护周期,确保车辆正常维护。车辆维护作业项目,应当按照国家关于汽车维护的技术规范要求确定。

日常维护是由驾驶员每日出车前、行车中和收车后负责执行的车辆维护作业。其作业中心内容是清洁、补给和安全检视。

1)出车前的检查

出车前的检查,应包括:

(1)检查行车证件、牌照是否齐全,并检查随车装置、工具及备件等是否齐全带足。

(2)环绕车辆一周,检视车身外表情况和各部机件完好状况,是否有漏油、漏水、漏电现象。

(3)擦拭门窗玻璃、清洁车身外表;保持灯光照明装置和车辆号牌清晰。

(4)检查燃油箱储油量、散热器的冷却液量、曲轴箱内机油量、制动液量(液压制动车)、蓄电池内电解液量等是否合乎要求。

(5)检查发动机风扇皮带是否有老化、断裂、起毛线等现象,松紧度是否合适。

(6)检查轮胎外表和气压。剔除胎间及嵌入胎纹间的杂物、小石子，轮胎气压应符合规定，还要注意带好备胎并放置牢靠。

（7）检查转向机构是否灵活，横、直拉杆等各连接部位是否有松动。

（8）检查轮毂轴承、转向节主销是否松动，轮胎、半轴、传动轴、钢板弹簧等处的螺母是否紧固。

（9）检视驾驶室内各个仪表和操纵装置的完好情况；检查灯光、刮水器、室内镜、车外后视镜、门锁与升降器手摇柄等是否齐全有效。

（10）检查转向盘、离合器踏板、制动踏板自由行程和驻车制动器的情况是否正常；离合器踏板与制动踏板自由行程应符合正常规定值。注意转向盘自由转动量不得超过30°。

（11）起动发动机后，检查发动机有无异响和异常气味，察看仪表工作是否正常。

2）行驶途中的检查

行驶途中的检查，应包括：

（1）车辆起步后，应缓慢行驶一段距离，其间应检查离合器、转向、制动等各部分的工作性能。

（2）在行驶中，应经常注意察看车上的各种仪表，察听发动机及底盘声音。如发觉操纵困难、车身跳动或颤抖、机件有异响或焦臭味时，即应停车检查并进行必要的调整和修理。

（3）车辆经过涉水路段后应注意检查行车制动器的效能。

（4）行驶中发动机动力突然下降，应检查是否是冷却液或机油量不足引起的发动机过热所致（注意水温高时不准打开水箱盖）。

（5）行驶中转向盘的操纵忽然变得沉重并偏向一侧，应检查是否因其中一边轮胎泄气所致。

（6）检查冷却液和机油量，有无漏水、漏油现象，气压制动有无漏气现象。

(7)检查车轮制动器有无拖滞、发咬或发热现象,驻车制动器作用是否可靠。

(8)检查轮毂、制动毂(盘)、变速器、分动器和驱动桥温度有无异常。

(9)检查转向、制动装置和传动轴、轮胎、钢板弹簧各连接部位是否牢固可靠。

3)收车后的检查

收车后的检查,应包括:

(1)停车后,应将驻车制动器操纵杆拉紧,并把变速杆挂入一挡或倒挡,自动变速器的汽车应挂入停车挡,以防止汽车自动滑移,发生危险。

(2)熄火前,观察电流表、机油表、水温表、气压表的工作是否正常。

(3)检查有无漏油、漏水、漏气现象,视需要补充燃油、润滑油和冷却液。

(4)检查轮胎气压,清除胎间及表面的杂物。

(5)检查油水分离器中是否有积水和污物,注意清除干净。

(6)对于气压制动装置的车辆,应将储气筒内的空气放净并关好放气开关,对于液压制动的车辆,应检查总泵制动液液面高度。

(7)检查、整理随车的工具和附件,并切断电源。

(8)打扫车厢,清洁整车外表,察看部件有无破损。

(9)及时排除已发现的故障,为下次出车做好准备。

企业可以对自有车辆进行二级维护作业,保证投入运营的车辆符合技术管理要求,无须进行二级维护竣工质量检验。企业不具备二级维护作业能力的,可以委托二类以上机动车维修经营者进行二级维护作业。机动车维修经营者完成二级维护作业后,应当向委托方出具二级维护出厂合格证。

企业应当遵循视情修理的原则,根据实际情况对车辆进行及时修理。

五、客车检测要求

企业应当定期到机动车综合性能检测机构,对道路运输车辆进行综合性能检测。自道路运输车辆首次取得《道路运输证》当月起,首次经国家机动车辆注册登记主管部门登记注册不满60个月的,每12个月进行1次检测和评定;超过60个月的,每6个月进行1次检测和评定。企业应按照该周期和频次,委托汽车综合性能检测机构进行综合性能检测和技术等级评定。客车综合性能检测应当委托车籍所在地汽车综合性能检测机构进行。

企业应当选择通过质量技术监督部门的计量认证、取得计量认证证书并符合《汽车综合性能检测站能力的通用要求》(GB 17993)等国家相关标准的检测机构进行车辆的综合性能检测。

汽车综合性能检测机构对新进入道路运输市场车辆,应当按照《道路运输车辆燃料消耗量达标车型表》进行比对。对达标的新车和在用车辆,应当按照《道路运输车辆综合性能要求和检验方法》(GB 18565)、《道路运输车辆技术等级划分和评定要求》(JT/T 198)实施检测和评定,出具全国统一式样的道路运输车辆综合性能检测报告,评定车辆技术等级,并在报告单上标注。车籍所在地县级以上道路运输管理机构应当将车辆技术等级在《道路运输证》上标明。

汽车综合性能检测机构应当确保检测和评定结果客观、公正、准确,对检测和评定结果承担法律责任。

道路运输管理机构和受其委托承担客车类型等级评定工作的汽车综合性能检测机构,应当按照《营运客车类型划分及等级评定》(JT/T 325)进行营运客车类型等级评定或者年度类型等级评定复核,出具统一式样的客车类型等级评定报告。

汽车综合性能检测机构应当建立车辆检测档案。档案内容主要包括:车辆综合性能检测报告(含车辆基本信息、车辆技术等级)、客车类型等级评定记录。车辆检测档案保存期不少于两年。

六、车辆的更新与报废

❶ 车辆的更新

车辆更新是企业维持简单再生产和扩大再生产的基本手段之一,是提高车况、降低运行消耗、提高经济效益的重要措施,而且车辆更新与其折旧资金的提取使用和车辆新度系数有密切关系。因此,车辆更新工作是企业领导、技术管理部门及其有关部门的重要职责,必须认真做好。

用效率更高、消耗更低、性能先进的新车更换再用车辆,称为车辆更新。车辆更新包含了4个方面车辆更新的含义:

(1)同类型新车辆替换在用车辆。

(2)高效率、低能耗、性能先进的汽车替换性能差的在用车辆。

(3)在用车辆尚未达到报废程度,但性能较差,无法满足营运需求被替换。

(4)在用车辆已达到报废条件而被替换。

凡属上述车辆替换都属于车辆更新范围。

车辆更新的原则是提高经济效益和社会效益。原则上讲,车辆应按照经济寿命进行更新,但还要视国情和实际情况而定,考虑更新车的来源、更新资金、车辆保有量以及折旧率和成本等因素。

车辆更新实际上是对运输单位车辆配置的调整。车辆更新不仅仅是以新换旧和原有车型的重复,更重要的是保持和提高运输单位的生产力,降低运行消耗。至于更新的车辆是原车型还是新车型,要根据市场情况和客源变化情况来决定,同时还要考虑管理人员、驾驶员、修理工、维修设备的更换等相关因素的变化情况。车辆更新还应与改装、改造结合起来,使原有车辆具有以前不曾有的高效率、低能耗和先进性能,这样做有时比购置新车辆更能廉价地实现高效、低耗。另外,通过租赁车辆对原有设备更新,在现代经营中也是可以尝试的一种新办法。

❷ 车辆的报废

车辆经过长期使用后,技术性能变差,维修频率高,运输效率低,物料消耗增加,维修费用增高,经济效果不好。因此,车辆使用后期必然导致报废,车辆报废应严格掌握车辆报废的技术条件,提早报废必然造成运力资源的浪费,过迟报废则增高运输成本,影响运力的更新,而且会存在安全隐患,容易发生事故,造成人员伤亡和财产损失。

车辆的报废应严格按照2013年5月1日实施的《机动车强制报废标准规定》的相关要求执行,并制定企业运营车辆的报废管理制度。

车辆的报废条件分为以下几方面:

1)达到规定使用年限

《机动车强制报废标准规定》对不同使用用途和类型的车辆规定了其最高使用年限。其具体使用年限,如表4-1所示。

机动车强制报废年限表　　　　表4-1

序号	机 动 车 类 型	报废年限(年)
1	小、微型出租客运汽车	8
2	中型出租客运汽车	10
3	大型出租客运汽车	12

续上表

序号	机动车类型	报废年限(年)
4	租赁载客汽车	15
5	教练载客汽车	10
6	中型教练载客汽车	12
7	大型教练载客汽车	15
8	公交客运汽车	13
9	小、微型营运载客汽车	10
10	大、中型营运载客汽车	15
11	专用校车	15
12	大、中型非营运载客汽车(大型轿车除外)	20
13	三轮汽车、装用单缸发动机的低速货车	9
14	其他载货汽车(包括半挂牵引车和全挂牵引车)	15
15	有载货功能的专项作业车	20
16	无载货功能的专项作业车	30
17	全挂车、危险品运输半挂车	10
18	集装箱半挂车	20
19	正三轮摩托车	12
20	其他摩托车	13

2)达到规定行驶里程

达到下列行驶里程的机动车,其所有人可以将机动车交售给报废机动车回收拆解企业,由报废机动车回收拆解企业按规定进行登记、拆解、销毁等处理,并将报废的机动车登记证书、号牌、行驶证交公安机关交通管理部门注销:

(1)小、微型出租客运汽车行驶60万千米,中型出租客运汽车行驶50万千米,大型出租客运汽车行驶60万千米。

(2)租赁载客汽车行驶60万千米。

(3) 小型和中型教练载客汽车行驶 50 万千米,大型教练载客汽车行驶 60 万千米。

(4) 公交客运汽车行驶 40 万千米。

(5) 其他小、微型营运载客汽车行驶 60 万千米,中型营运载客汽车行驶 50 万千米,大型营运载客汽车行驶 80 万千米。

(6) 专用校车行驶 40 万千米。

(7) 小、微型非营运载客汽车和大型非营运轿车行驶 60 万千米,中型非营运载客汽车行驶 50 万千米,大型非营运载客汽车行驶 60 万千米。

(8) 微型载货汽车行驶 50 万千米,中、轻型载货汽车行驶 60 万千米,重型载货汽车(包括半挂牵引车和全挂牵引车)行驶 70 万千米,危险品运输载货汽车行驶 40 万千米,装用多缸发动机的低速货车行驶 30 万千米。

(9) 专项作业车、轮式专用机械车行驶 50 万千米。

3) 车辆报废的其他条件

(1) 经修理和调整仍不符合机动车安全技术国家标准对在用车有关要求的。

(2) 经修理和调整或者采用控制技术后,向大气排放污染物或者噪声仍不符合国家标准对在用车有关要求的。

(3) 在检验有效期届满后连续 3 个机动车检验周期内未取得机动车检验合格标志的。

《道路交通安全法》第十四条明确规定,机动车实行强制报废制度,达到报废条件的机动车不得上路行驶。企业在申请车辆报废时,由其主管部门鉴定、审批,并报交通运输管理部门备案。需要报废而尚未批准的车辆应妥善保管,不得拆卸和更换总成、零件和附属装备。凡经批准报废的车辆,企业应及时办理吊销营运证,不得转让或挪作他用,总成和零件不得拼装车辆,车辆报废相关材料应至少保存 2 年。

第五章　危险源辨识与隐患排查治理

第一节　危险源辨识、评估

一、危险源定义

危险源是指可能导致伤害或疾病、财产损失、工作环境破坏或这些情况组合的根源或状态。

危险源的构成要素：潜在的危险性、存在条件和触发因素。

危险源的潜在危险性是指一旦触发事故，可能带来的危害程度或损失大小，或者说危险源可能释放的能量强度或危险物质量的大小。危险源的存在条件是指危险源所处的物理、化学状态和约束条件状态。例如，物质的压力、温度、化学稳定性，盛装压力容器的坚固性，周围环境障碍物等情况。触发因素虽然不属于危险源的固有属性，但它是危险源转化为事故的外因，而且每一类型的危险源都有相应的敏感触发因素。

如易燃、易爆物质，热能是其敏感的触发因素，又如压力容器，压力升高是其敏感触发因素。因此，一定的危险源总是与相应的触发因素相关联。在触发因素的作用下，危险源转化为危险状态，继而转化为事故。

二、危险源分类

根据危险源在事故发生中所起的作用不同，可将危险源划分为根源危险源(又称第一危险源)和状态危险源(又称第二危险源)。

❶ 根源危险源

根据能量意外释放论,事故是能量或危险物质的意外释放。作用于人体的过量的能量或干扰人体与外界能量交换的危险物质是造成人员伤害的直接原因。于是,把系统中存在的、可能发生意外释放的能量或危险物质称作根源危险源,它是造成系统危险或系统事故的物理本质,也称为固有型危险源。实际工作中往往把产生能量的能量源或拥有能量的能量载体看作根源危险源来处理。

❷ 状态危险源

在生产、生活中,为了利用能量,让能量按照人们的意图在生产过程中流动、转换和做功,就必须采取屏蔽措施约束、限制能量,即必须控制危险源。约束、限制能量的屏蔽应该能够可靠地控制能量,防止能量意外地释放。然而,实际生产过程中绝对可靠的屏蔽措施并不存在。在许多因素的复杂作用下,约束、限制能量的屏蔽措施可能失效,甚至可能被破坏而发生事故。导致约束、限制能量屏蔽措施失效或破坏的各种不安全因素称作状态危险源,它包括人、物、环境三个方面的问题。

道路运输企业系统中,除了行驶的汽车,企业中的加油站中存放危险货物的仓库、锅炉,极端自然灾害如泥石流、地震等根源危险源外,一个汽车机械、电路故障,如轮胎爆胎,可能是加油站中吸烟的顾客,可能是锅炉操作员工的一次误操作,可能是驾驶员的疲劳驾驶导致短时间瞌睡,可能是冰雪路面,可能是一次交通事故的占道车辆,可能是不遵守交通规则闯红灯的电动自行车,也可能是过马路猛跑的行人,都会导致根源危险源对他人和自身造成伤害。以上这些人、物、环境的不安全因素就是状态危险源。

根源危险源是客观存在的,防范事故的重点是控制状态危险源。两类危险源的关系,如图 5-1 所示。

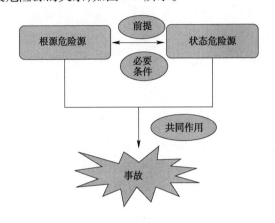

图 5-1　两类危险源的关系示意图

三、危险源辨识与评价

❶ 危险源辨识

危险源辨识就是识别危险源并确定其特性的过程。危险源辨识不但包括对危险源的识别,而且必须对其性质加以判断。

危险源辨识的目的就是通过对系统的分析,界定出系统中的哪些部分、区域是危险源,其危险的性质、危害程度、存在状况、危险源能量与物质转化为事故的转化过程规律、转化的条件、触发因素等,以便有效地控制能量和物质的转化,使危险源不至于转化为事故。它是利用科学方法对生产过程中那些具有能量、物质的性质、类型、构成要素、触发因素或条件,以及后果进行分析与研究,作出科学判断,为控制事故发生提供必要的、可靠的依据。

在辨识过程中,要考虑3种状态(正常、异常和紧急)和3种时态(过去、现在和将来)。3三种时态包括:过去的作业活动、系统或设备等安全控制状态及发生过的人身伤害事故,并延续到现在的;作业活动、系统或设备等现在的安全状态;可以预见的作业活动发生变化、系统、设备等新产生或在维护、改进、报废等活动时产生的安全控制状态。3种状态涉及:正常状态即正常、持续的生产运行;异常状态即指生产的开车、停车、检修等情况;紧急状态指发生爆炸、火灾、洪水等重大突发性事件。危险源辨识要包括4个方面:人的不安全行动;物的不安全状态;作业环境因素;安全健康管理因素。

危险源辨识方法:危险源辨识方法可以粗略地分为对照法和系统安全分析法两大类。

对照法:安全检查表法、询问交谈法、现场观察法、问卷调查法,查阅相关记录、获取外部信息、工作任务分析等。

系统安全法:危险与可操作性研究、事件树分析、故障树分析等。

❷ 道路旅客运输企业危险源辨识范围

道路旅客运输企业存在的危险因素,主要在于道路运输中人的不安全因素、车辆和行李物品的不安全因素、道路和环境的不安全因素以及安全管理的缺陷等。

1)人的不安全因素

道路运输过程中,人员方面的不安全因素一般包括驾驶员性格和心理缺陷、生理异常,驾驶过程中违规驾驶、错误操作、注意力分散及其他交通参与者的不安全行为等。

(1)驾驶员性格、心理缺陷。驾驶员的性格、心理缺陷主要表

第五章　危险源辨识与隐患排查治理

现为驾驶员个性存在缺点,如易激动、急躁、懒惰、侥幸心理、自负、自卑、马虎大意等。这些因素容易使驾驶员出现危险的驾驶行为,酿成事故。驾驶员许多违规驾驶、操作错误、注意力分散等不安全行为都与其本身的个性缺陷有着或多或少的联系。因此,驾驶员弥补缺陷、克服缺点,对于安全行车至关重要。

（2）驾驶员生理异常。驾驶员生理异常主要表现为疾病、药物不良反应、疲劳、饮酒后不适等,每年因驾驶员生理异常引发的交通事故时有发生。驾驶员生理异常危险源辨识,见表5-1。

驾驶员生理异常危险源辨识　　表5-1

危险源分类	危 险 源	具 体 表 现
驾驶员生理异常	疲劳	长时间行车驾驶员出现瞌睡、注意力不集中、反应变慢等疲劳状态,容易使驾驶员无意识操作和错误操作,甚至昏睡
	药物不良反应	驾驶员服用某些药物后出现反应迟钝、嗜睡、兴奋等不良反应,不利于安全行车,易引发事故
	疾病	驾驶员在行车过程中出现心脏病、脑溢血、耳病、头痛头晕、急性肠胃炎等疾病,失去对车辆的操控能力,易引发事故
	饮酒后行动、思想迟缓	驾驶员饮酒后上路驾驶,因眩晕、恶心、反应迟钝等原因对路况的观察和判断能力减弱而导致事故

（3）驾驶员违规驾驶。驾驶员违规驾驶时指驾驶员违反《道路交通安全法》及相关法律法规规定,选择有潜在风险的驾驶行为,主要特征为一般性违规和攻击性、报复性违规。具体情况见表5-2。

驾驶员违规驾驶危险源辨识　　　　表 5-2

危险源分类	危 险 源	具 体 表 现
驾驶员违规驾驶	一般性违规,不指向他人	为了赶时间,驾驶员抢黄灯通过路口;驾驶员逆行、违法停车、超速行驶、酒后驾驶、违法倒车、违法掉头、违法会车、违法牵引、违法装载、货车超载、客车超员等
	违规行为指向他人,具有攻击性、报复性	故意和前面车辆靠得很近,以示意前面的驾驶员提高车速或赶紧让路
		对于妨碍自己行驶的车辆,如行驶缓慢或"加塞车辆"感到非常气愤,使劲按喇叭、爆粗口表示不满,甚至故意超车后紧急制动
		强行超车(图 5-2)
		强行变更车道

图 5-2　强行超车

（4）驾驶员操作错误。驾驶员操作错误主要包括危险性错误和无危害性错误。危险性错误是指容易直接造成交通事故的行

第五章 危险源辨识与隐患排查治理

为;无危害性错误是指错误行为在当前一般不会直接导致交通事故的行为,它对安全行车也有很大影响。驾驶员操作错误危险源辨识,表5-3。

驾驶员操作错误危险源辨识　　　　表5-3

危险源分类	危险源	具体表现
驾驶员操作错误	危险性错误,如:操作不当、操作失误	在湿滑的路面上紧急制动,或车辆侧滑时紧急制动,急打转向盘
		弯道转弯时车速过快(图5-3)
		有紧急情况时,错把加速踏板当制动踏板
		变更车道,没有观察后视镜
		由主路驶入辅路时,没有注意视觉盲区内的行人、非机动车
		转弯时,未注意车辆内外轮差,车轮落入边沟等
	(短期)无危害性错误	分道口行驶路线选择错误等

图5-3　弯道车速过快

(5)驾驶员注意力分散。在行车过程中,驾驶员要不断地观察和把握外界信息,集中注意力非常重要。行驶速度为90km/h的车辆1s可以驶出25m。所以,即使几秒的注意力分散也非常容易引发交通事故。

驾驶员注意力分散诱发原因分为主观原因和客观原因。主观原因注意力分散是由驾驶员自身不安全驾驶行为引起的;受外界事物和环境影响引起的注意力分散称为客观原因注意力分散。驾驶员注意力分散危险源辨识,见表5-4。

驾驶员注意力分散危险源辨识 表5-4

危险源分类	危 险 源	具 体 表 现
驾驶员注意力分散	主观原因	驾驶员在驾驶过程中打电话"走神"(图5-4)、与人热烈交谈、观察其他交通事故或者过度关注新奇事物等
	客观原因	高速公路环境单一,驾驶员注意力无法持续集中等

图5-4 在驾驶过程中打电话

(6)其他交通参与者的不安全行为。在道路运输过程中,其他交通参与者的不安全行为同样是引发事故的重要因素。驾驶员稍有疏忽便有可能导致严重的交通事故。具体见表5-5。

其他交通参与者的不安全行为危险源辨识　　表5-5

危险源分类	危险源	具体表现
其他交通参与者的不安全行为	乘客不安全行为	乘客将头或手臂伸出车窗外(图5-5)
		乘客未按要求系好安全带
		车辆行驶中,乘客在车厢内随意走动
	其他车辆行人违反通行规则	其他机动车驾驶员逆向行驶、违规占道行驶、违法超车、超速行驶、酒后驾驶等
		行人、骑自行车人、骑电动车人不按交通信号灯通行、逆向行驶、违规占用机动车道行驶等
		竞技驾驶等
	行为不自知、不自觉	老年人行动迟缓,行走时不注意观察路况,遇到危险情况来不及躲避
		儿童行为不自知,不具备道路安全意识,嬉戏打闹、闯入道路(图5-6)
		其他交通参与者在经过路口时,忽视危险,突然出现
		行人打伞,遮挡住视线,不顾及周围车辆等
	专注于其他事物	行人边走边交谈、打电话或听音乐,忽视车辆靠近
		路面施工工人专注于施工工作
		道路维护人员专注于清理道路工作等

图 5-5　乘客的不安全行为

图 5-6　行人的不安全因素

2）车辆、行李物品的不安全因素

道路运输过程中，车辆、行李及货物也是不安全因素，主要表现在车辆本身特点引发的行车不安全因素，车辆结构、技术状况的不安全状态及车内物品存在的危险 3 个方面的内容。

（1）车辆本身特点的不安全因素。客运车辆本身结构、行驶

第五章 危险源辨识与隐患排查治理

特点等与其他机动车存在很大差异,不注意这些差异性和特殊性给运输安全带来的风险,交通事故便有可能发生。具体见表5-6。

车辆本身特点的危险源辨识　　　　　表5-6

危险源分类	危 险 源	具 体 表 现
结构存在风险	车体庞大(车身较长、较宽、较高),满载总质量较大	转弯、倒车、停车、超车等占用多车道
		重心高、容易侧翻
		遇软路肩、危桥、易压垮道路设施
	车身存在视觉盲区	驾驶员看不到盲区内行人、其他机动车等
行驶特点存在风险	与其他车辆之间存在速度差	高速公路客车与其他车辆的设计车速及限制行驶车速不同,存在绝对速度差,迫使其他车辆频繁变更车道、超车,风险亦加大
	内外轮差大	转弯时碰撞、刮擦内侧行人、其他车辆等
	加速性能差	加速慢,被后车追尾
	惯性大、制动距离长	前方有紧急情况,不能及时减速停车

（2）车辆技术状况的不安全状态。车辆技术状况的不安全状态,主要包括车辆技术状况不良和安全装置失效。具体见表5-7、表5-8。

车辆技术状况不良的危险源辨识　　　　　表5-7

危险源分类	危 险 源	具 体 表 现
技术状况不良	制动劣化或失效	不能及时制动
	转向不良或失效	不能按意图转向
	照明、信号装置故障	前照灯损坏,照明受到影响,夜间时驾驶员无法观察路况
		转向灯不亮,转向意图不能传递等

续上表

危险源分类	危险源	具体表现
技术状况不良	侧向稳定性差	车辆在横向坡道行驶,或进行超车、转弯灯操作时,易发生侧滑或侧翻
	车速表故障	驾驶员不能准确掌握行驶速度
	轮胎磨损严重、有裂纹或扎入杂物	车辆在行驶过程中行驶附着力不够,制动距离延长
		易发生爆胎等
	发动机故障	车辆无法启动
		车辆抛锚、应急停车影响其他车辆通行
		车辆中途熄火,无法正常操控

车辆安全装置失效的危险源辨识　　　　表5-8

危险源分类	危险源	具体表现
主动安全装置失效	视镜损坏	视镜损坏后,驾驶员观察道路交通情况受到影响
	刮水器失效	雨雪天刮水器无法使用,视线受影响
	喇叭失效	喇叭不响,其他驾驶员或交通参与者听不到车辆靠近的信号
	遮阳板掉落	驾驶员眼睛被太阳光直射,影响观察
	防抱死制动系统等安全装置失效	车轮抱死、车辆侧滑
被动安全装置失效	安全气囊损坏	车辆发生碰撞等事故时,安全气囊不能弹出,驾驶员头部直接撞到转向盘或前风窗玻璃上
	安全带损坏	车辆发生碰撞等事故时,无法束缚驾驶员或乘客,致使他们飞出车外
	保险杠损坏	发生碰撞事故时,无法吸收、缓和外界冲击力和防护车体

第五章 危险源辨识与隐患排查治理

续上表

危险源分类	危 险 源	具 体 表 现
被动安全装置失效	座椅安全头枕损坏或掉落	紧急制动或车辆发生事故时,驾驶员头部得不到保护,颈椎易受伤害
	风窗玻璃损坏	影响驾驶员视野,易使驾驶员受伤
	灭火器、警告标志、安全锤、应急门开关等损坏或缺失	出现紧急情况时,无法及时有效处理

(3) 行李物品、车载货物的不安全因素。行车过程中,乘客所携带的行李物品存在危险品或摆放和装载的位置、方法不合适,会对车内人员人身安全带来一定风险。除此之外,车中湿滑的地板、破损的座椅等也可能对人的安全构成威胁。

3) 道路的不安全因素

道路的不安全因素主要包括典型道路的不安全因素、特殊路段的不安全因素及路面通行条件不良。

(1) 典型道路的不安全因素。从事长途运输或在山区运输的驾驶员经常在高速公路、山区道路等典型道路上行车。高速公路行车速度高,山区道路弯多、坡长等特点,会影响行车安全。具体见表5-9。

典型道路不安全因素的危险源辨识 表5-9

危险源分类	危 险 源	具 体 表 现
山区道路	连续上下坡	车辆连续上下坡转弯,频繁制动,易导致制动失效
		车辆上下坡,使发动机温度过高,或换挡不当,引起发动机熄火或溜车
	路窄弯急	山体遮挡,无法全面观察来车情况
		控制不合适,车辆驶出路外
		超车、会车危险性大等

续上表

危险源分类	危险源	具体表现
山区道路	安全防护设施不完善	道路安全防护设施不完善,车辆易冲出道路
	山体滑坡	阻挡道路或直接造成事故
	云雾缭绕	秋冬季节或高海拔山路常有云雾,视线受影响,无法观察路况
高速公路	相对封闭、控制出入、单向行驶、无平面交叉、路况好、车速高、车流量大	速度高,制动停车距离长,易发生连环撞车事故
		车辆在高速公路上长时间高速行驶,驾驶员极易疲劳,车辆性能也易发生变化
		长时间在高速公路上驾驶,驾驶员对速度的感知能力下降,易超速行驶
		客货车辆重心较高、速度快,遇突发情况极易侧滑、侧翻
		平直路面在阳光照射下易产生"水面"效应,对安全行车产生干扰

（2）特殊路段的不安全因素。交叉路口、隧道、桥梁、城乡接合部及临时修建道路等特殊路段的外观,构建及特征与一般路段有很大差异,车辆经过时容易出现事故。特殊路段的危险识辨识,见表5-10。

特殊路段的危险源辨识　　表5-10

危险源分类	危险源	具体表现
临时修建道路	建设等级较低、压实度低、沉降不足、平整度差	车辆易倾翻、沉陷
	周边地形复杂及交通情况混乱	畜力车、人力车、低速汽车、摩托车等频繁出现,带来风险;无道路交通标志标线,车辆、行人随意行走,带来风险

续上表

危险源分类	危 险 源	具 体 表 现
交叉路口	车辆、行人汇集,交通流量大,行驶轨迹交叉	驾驶员应接不暇,忽视盲区,易碰撞、刮擦交叉路口其他车辆、行人等
隧道	长隧道内照明差,能见度低	驾驶员未开启前照灯、车辆抛锚易引发碰撞事故
	隧道较窄、限制高度	驾驶员强行超车,易引发撞车事故
		超高货车易碰撞出入口
	隧道口结冰	车辆容易失控,发生侧滑
	隧道出入口明暗变化	驾驶员出现短暂"失明",无法观察道路信息
	出口横风	影响驾驶员对车辆的操控
立交桥、环岛	方向多、出口多、车流量大	易迷失方向、选择错误道路
		错过出入口
桥涵	路宽限制	车流量大或路面情况不良(如湿滑、结冰等),车辆易驶出桥面,坠落桥下等
	限制轴重	重载大型车辆载重超过限制,使桥梁垮塌
	横风影响	较大横风影响车辆的正常行驶轨迹
路旁有高大的建筑、树木的道路	驾驶员视线被遮挡	驾驶员容易忽略路口拐入的车辆、闯入的行人或骑车人,易发生碰撞事故
	交通信号灯、标志灯被遮挡	驾驶员未注意到被遮挡的信号灯,误闯红灯;驾驶员未注意到被遮挡的标志,发生危险

续上表

危险源分类	危险源	具体表现
城乡接合部路段	各种交通工具汇聚,人车混杂	三轮车、畜力车、骑车人、行人多,驾驶员无力全面观察,易发生碰撞、刮擦事故
	交通安全实施不完善	交通信号、标志标线缺乏或毁损,通行无指示,易发生碰撞等事故
	临时市场占道经营	买卖双方不注意来往车辆
	交通参与者安全意识差	交通参与者不懂交通规则,或没有遵守交通规则的习惯,给安全行车带来威胁

(3)路面通行条件不良。在施工路面、障碍路面、涉水路面及冰雪路面等道路上行驶,危险性较高,驾驶员要格外注意安全。具体见表 5-11。

路面通行条件不良的危险源辨识 表 5-11

危险源分类	危险源	具体表现
施工道路	道路中断或变窄	行车道减少,车辆急减速
		通行车辆多,通行速度突然变慢,车辆不及时减速易发生追尾等事故
	路面有沙石	车辆制动距离延长或弯道易侧滑
	施工标志不明显或未设置	距离施工地点很近时才发现道路有施工,应急处置不当易引发事故
路障	道路上有掉落或卸载的货物	未发现路障,躲避不及,易发生事故;躲避路障时,与其他车辆发生轨迹交叉等
	故障车未及时移开或交通事故车辆停在路中	
	农作物占道晾晒	

续上表

危险源分类	危险源	具体表现
冰雪路面	路面摩擦系数低、平整度差	车辆易发生侧滑
	对阳光的反射率极高	大雪后,雪地反射日光,刺激眼睛,导致雪盲症,影响正常观察
涉水路面、如漫水桥、过河路、积水道路等	水过深	未查清水情即涉水行驶,易使车辆熄火、电器设备受潮
	水下有泥沙	车辆打滑或陷于水中
	水中有尖锐物	车胎被尖锐物扎破
	水流速度快	车辆行驶轨迹发生偏移或被冲走
凹凸路面	路面凹凸不平	车辆颠簸,使驾驶员或乘客不适,车辆长时间在凹凸不平路面行驶,性能易下降等
	路面有较大凸起、深坑等	由于道路失修或局部地壳活动使路面出现凸起和深坑,躲避不及易引发事故

4)夜间、特殊天气及自然灾害的不安全因素

夜间、特殊天气及自然灾害等特殊环境改变了车辆的正常行车环境,危险性较高,易引发事故。

(1)夜间行车的不安全因素。道路运输行业每年的重特大道路交通事故中,有30%~50%都发生在夜间。因此,必须认识到夜间驾驶环境的特殊性,提高警惕,防止危险发生。具体见表5-12。

夜间行车危险源辨识 表5-12

危险源分类	危险源	具体表现
夜间	行驶环境黑暗	路灯损坏,视线受影响
		视野范围变小、视距变短
		会车时,其他车辆开远光灯,产生炫目
		夜间行驶易疲劳等

（2）特殊天气行车的不安全因素。特殊天气主要包括雨雪天气、大雾天气和高温天气等，特殊天气常常给安全行车带来很大威胁。据统计，2010年道路运输行业在与雨、雪、雾等恶劣天气条件下发生的交通事故占总数的10%左右。在特殊天气行车，驾驶员应充分了解特殊天气的特点及其存在的风险。特殊天气行车的危险源辨识，见表5-13。

特殊天气行车危险源辨识　　　　表5-13

危险源分类	危　险　源	具　体　表　现
雨天	光线昏暗，能见度低	视线受影响，无法清晰观察路况
	常伴有雷电、大风	雷电劈倒或大风刮倒路边树木，形成路障或砸中过往车辆
	路面湿滑、泥泞	降雨使得道路塌陷或变得松软，车辆容易陷入；车辆发生侧滑；使车辆制动距离延长
	气温低于0度时，形成冻雨	车辆制动距离延长；车辆侧滑
	水网地区路面积水反光	远处驶来的车辆误以为是正常道路，容易高速驶入，易发生侧滑
雪天	视线不良	驾驶员视线被影响，无法清晰观察路况
	路面被积雪覆盖或有融雪	车辆起动时，车轮打滑，启动困难
		车辆行驶过程中易发生侧滑；车辆在平坦、两侧无建筑和树木、积雪覆盖的道路行驶，辨识不出分道线、路测边缘等
大雾天气	能见度低	看不清路况，追尾事故频发，易连环追尾；驾驶员长时间雾中驾驶，注意力持续集中，易疲劳等
高温天气	温度过高	驾驶员易疲惫、困倦、脾气暴躁；轮胎压力高，易发生爆胎；车辆电气元件、（货车）货物易自燃；水温过高，损坏发动机；制动易失效等

第五章 危险源辨识与隐患排查治理

（3）自然灾害时行车的不安全因素。我国幅员辽阔，自然灾害频发，因此应了解自然灾害的特点及可能对道路交通造成的影响，正确应对自然灾害。自然灾害时行车的危险源辨识，见表5-14。

自然灾害时行车的危险源辨识 表5-14

危险源分类	危 险 源	具 体 表 现
沙尘暴	风力大	被大风吹起的物体易击中车辆；使车辆偏离行驶轨迹
	能见度低	飞扬的沙尘阻挡驾驶员视线
	路面有沙土	路面铺满沙土，使车辆发生侧滑
台风	风力能量巨大，常伴有暴雨	路边树木、广告牌等被刮倒，易砸中汽车或阻碍交通；使车辆偏离行驶轨迹或倾翻
地震	能量大，破坏性大	车辆在行驶过程中突发地震，路面出现裂缝，车辆易掉入裂缝；被倒塌的建筑物等砸中，发生撞车等事故
泥石流山体滑坡	爆发突然，来势凶猛，破坏力大	车辆躲避不及易被泥石掩埋；泥石流、山体滑坡使交通瘫痪
雹灾	来势凶猛，时间短，强度大，常伴有狂风骤雨	冰雹、降雨、大风影响视线，地面湿滑，车辆易发生撞车等事故

（4）管理因素。企业自身安全管理不完善，安全管理制度不落实等情况，是造成安全事故的主要原因之一。此外，管理硬件设施落后，科学化管理水平低，也是影响道路旅客运输安全的因素。

❸ 风险评价

按照风险评价结果的量化程度，评价方法可分为定性风险评价法和定量风险评价。常见的风险评价方法有两种：专家现场询问观察法和作业条件危险性评价法(LEC法)。

通常情况下,针对以一般危险源采用LEC法对其风险程度进行评价。

1)判定准则

(1)危险性指数大于320的,确定为一级;

(2)危险性指数大于等于161但小于等于320的,确定为二级;

(3)危险性指数大于等于71但小于等于160的,确定为三级;

(4)危险性指数大于等于20但小于等于70的,为四级;

(5)危险性指数小于20的不列入等级。

2)判定方法

作业危险性指数是下列3个因素的乘积:

危险指数 $D = LEC$

式中:L——发生危险事件的可能性(表5-15);

E——作业者在危险环境中的状况(表5-16);

C——事故的可能后果(表5-17)。

危险指数评价(D),如表5-18所示。

发生危险事件的可能性(L)　　　　　　　　表5-15

L	分　数
完全预料到	10
相当可能	6
不经常,但可能	3
意外,很少可能	1
可以设想,但极少可能	0.5
极不可能	0.2
实际上不可能	0.1

作业者在危险环境中的状况（E）　　　表 5-16

E	分　值
连续处在危险环境中	10
每天在有危险的环境中工作	6
每周一次在危险环境中工作	3
每月一次在危险环境中工作	2
每年一次在危险环境中工作	1
极难出现在危险环境中工作	0.5

事故的可能后果（C）　　　表 5-17

现　象	可能后果	分　值
大灾难	多人死亡	100
灾难	数人死亡	40
非常严重	1 人死亡	15
严重	严重致残	7
重大	手足伤残	6
较大	受伤较重	3
引人注目	轻伤	1

危险指数评价（D）　　　表 5-18

D	危险程度	风险等级
>320	极度危险,不能继续作业	一级
161~320	高度危险,要立即整改	二级
70~160	显著危险,需要整改	三级
20~70	一般危险,需要注意	四级
≥20	稍有危险,可以接受	不入级

四、重大危险源

❶ 定义

重大危险源,是指长期地或者临时地生产、搬运、使用或者储存危险物品,且危险物品的数量等于或者超过临界量的单元(包括场所和设施)。重大危险源安全警示牌,如图5-7所示。

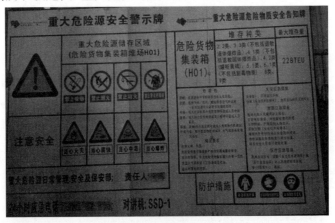

图5-7 重大危险源安全警示牌

❷ 辨识

重大危险源的辨识应依据《危险化学品重大危险源辨识》(GB 18218—2009)标准的相关要求。

单元内(500m)存在的危险化学品的数量等于或超过临界量,即被定为重大危险源。

单元内存在的危险化学品为单一品种,则该危险化学品的数量即为单元内危险化学品的总量,若等于或超过临界量,则定为重大危险源。

单元内存在的危险化学品为多种品种时,则按下式计算:

单元内存在的危险化学品为多品种时,则按式(1)计算,若满足式(1),则定为重大危险源:

$$q_1/Q_1 + q_2/Q_2 + \cdots + q_n/Q_n \geqslant 1 \qquad (1)$$

式中:$q_1,q_2,\cdots,q_n$——每种危险化学品实际存在量,t;

$Q_1,Q_2,\cdots,Q_n$——与各危险化学品相对应的临界量,t。

❸ 重大危险源管理

企业对重大危险源应当登记建档,进行定期检测、评估、监控,并制订应急预案,告知从业人员和相关人员在紧急情况下应当采取的应急措施。企业应当按照国家有关规定将本单位重大危险源及有关安全措施、应急措施报有关地方人民政府安全生产监督管理部门和有关部门备案。

《危险化学品安全管理条例》中规定,生产、储存危险化学品的企业,对本企业的安全生产条件每3年进行一次安全评价,提出安全评价报告。安全评价报告应包括以下内容:

(1)安全评估的主要依据;

(2)重大危险源基本情况;

(3)危险、有害因素辨识与分析;

(4)可能发生的事故类型、严重程度;

(5)重大危险源等级;

(6)安全对策措施;

(7)应急救援措施;

(8)评估结论与建议。

安全评估报告应当数据准确、内容完整,对策措施具体可行,结论客观公正。

❹ 重大危险源分级

根据《危险化学品重大危险源监督管理暂行规定》第八条的

规定,重大危险源根据其危险程度,分为一级、二级、三级和四级,一级为最高级别。

❺ 重大危险源备案

《危险化学品重大危险源监督管理暂行规定》第二十三条规定,危险化学品单位在完成重大危险源安全评估报告或者安全评价报告后15日内,应当填写重大危险源备案申请表,连同本规定第二十二条规定的重大危险源档案材料(其中第二款第五项规定的文件资料只需提供清单),报送所在地县级人民政府安全生产监督管理部门备案。县级人民政府安全生产监督管理部门应当每季度将辖区内的一级、二级重大危险源备案材料报送至设区的市级人民政府安全生产监督管理部门。设区的市级人民政府安全生产监督管理部门应当每半年将辖区内的一级重大危险源备案材料报送至省级人民政府安全生产监督管理部门。

第二节　隐患排查与治理

一、定义

安全生产事故隐患(以下简称事故隐患),是指生产经营单位违反安全生产法律、法规、规章、标准、规程和安全生产管理制度的规定,或者因其他因素在生产经营活动中存在可能导致事故发生的物的危险状态、人的不安全行为和管理上的缺陷。

事故隐患分为一般事故隐患和重大事故隐患。一般事故隐患,是指危害和整改难度较小,发现后能够立即整改排除的隐患。重大事故隐患,是指危害和整改难度较大,应当全部或者局部停产停业,并经过一定时间整改治理方能排除的隐患,或者因外部因素影响致使生产经营单位自身难以排除的隐患。

二、隐患排查及治理

❶ 隐患排查及治理的重要性

《安全生产法》第十七条规定：生产经营单位主要负责人有"督促、检查本单位的安全生产工作，及时消除生产安全事故隐患"的职责；第二十二条规定：生产经营单位安全生产管理机构以及安全生产管理人员应履行"检查本单位的安全生产状况，及时排查生产安全事故隐患，提出改进安全生产管理的建议"的职责。

《国务院关于进一步加强企业安全生产工作的通知（国发〔2010〕23号）》进一步强调了及时排查治理安全隐患的重要性。

《通知》第4条要求：企业要经常性开展安全隐患排查，并切实做到整改措施、责任、资金、时限和预案"五到位"。建立以安全生产专业人员为主导的隐患整改效果评价制度，确保整改到位。对隐患整改不力造成事故的，要依法追究企业和企业相关负责人的责任。对停产整改逾期未完成的不得复产。

《通知》第8条要求：因安全生产技术问题不解决产生重大隐患的，要对企业主要负责人、主要技术负责人和有关人员给予处罚。

《通知》第14条要求：依法维护和落实企业职工对安全生产的参与权与监督权，鼓励职工监督举报各类安全隐患，对举报者予以奖励。

《通知》第16条要求：对重大危险源和重大隐患要报当地安全生产监管监察部门、负有安全生产监管职责的有关部门和行业管理部门备案。

《通知》第26条、第30条要求：对存在落后技术装备、构成重大安全隐患的企业,要予以公布,责令限期整改,逾期未整改的依法予以关闭;存在重大隐患整改不力的企业,由省级及以上安全监管监察部门会同有关行业主管部门向社会公告,并向投资、国土资源、建设、银行、证券等主管部门通报,一年内严格限制新增的项目核准、用地审批、证券融资等,并作为银行贷款等的重要参考依据。

《国务院安委会办公室关于实行安全生产事故隐患排查治理情况月通报的通知(安委办〔2012〕23号)》要求:自2012年7月1日起,对全国安全生产事故隐患排查治理情况实行月通报。月通报主要内容是:每月汇总各地区、各有关部门和单位开展安全生产事故隐患排查治理情况,重点分析开展隐患排查治理企业和单位、一般事故隐患排查治理、重大事故隐患排查治理、重大事故隐患挂牌督办以及落实隐患治理资金等情况,查找存在的问题,提出下一阶段的工作措施。启用安全生产事故隐患排查治理信息统计网上报送系统。

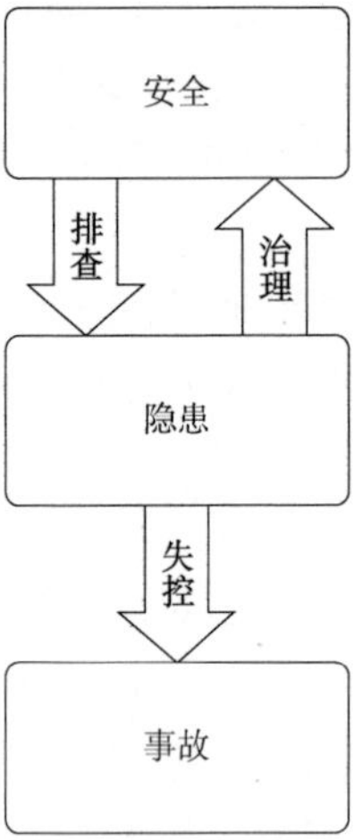

可见,对于企业而言,隐患排查和治理已经成为安全生产管理的核心内容之一,企业隐患治理整改情况也是政府安全生产监督部门关注的焦点之一,企业应从安全生产制度上确保隐患排查治理的经常化,通过安全生产技术创新提高隐患排查治理绩效。

隐患排查的必要性,如图5-8所示。

❷ 隐患排查治理的措施与方法

隐患排查是指企业组织安全生产管理人员、技术人员和其他相关人员对本单位的事故隐患进行排查的行为。隐患治理就是指消除或控制隐患的活动或过程。

图5-8 隐患排查的必要性

第五章　危险源辨识与隐患排查治理

企业是隐患排查工作的责任主体,方法是定期组织安全生产管理人员、技术人员和其他相关人员排查本单位的事故隐患,鼓励、发动职工发现事故隐患,鼓励社会公众举报。此项工作通常与企业的各种安全生产检查工作相结合。根据上述要求,隐患排查的过程就是企业定期组织所属人员主动、全面地查找并发现隐患、确定其等级、建立事故隐患信息档案,同时鼓励社会公众举报。

企业应当建立事故隐患排查治理制度,依据相关法律法规及自身管理规定,对营运车辆、客运驾驶员、运输线路、运营过程等安全生产各要素和环节进行安全隐患排查,及时消除安全隐患。

企业应根据安全生产的需要和特点,采用综合检查、专业检查、季节性检查、节假日检查、日常检查等方式进行隐患排查,对排查出的安全隐患进行登记和治理,落实整改措施、责任、资金、时限和预案,及时消除事故隐患。对于能够立即整改的一般安全隐患(图5-9),由企业立即组织整改;对于不能立即整改的重大安全隐患,企业应组织制订安全隐患治理方案,依据方案及时进行整改;对于自身不能解决的重大安全隐患,企业应立即向有关部门报告,依据有关规定进行整改。

图5-9　灭火器欠压(安全隐患)

企业应当建立安全隐患排查治理档案。档案应包括以下内容:隐患排查治理日期;隐患排查的具体部位或场所;发现事故隐患的数量、类别和具体情况;事故隐患治理意见;参加隐患排查治理的人员及其签字；事故隐患治理情况、复查情况、复查时间、复查人员及其签字。

企业应当每季、每年对本单位事故隐患排查治理情况进行统计，分析隐患形成的原因、特点及规律，建立事故隐患排查治理长效机制。

企业应当建立安全隐患报告和举报奖励制度，鼓励、发动职工发现和排除事故隐患，鼓励社会公众举报。对发现、排除和举报事故隐患的有功人员，应当给予物质奖励和表彰。

企业应当积极配合有关部门的监督检查人员依法进行的安全隐患监督检查，不得拒绝和阻挠。

第六章 应急救援

第一节 应急救援体系

一、基本任务

事故应急救援的总目标是通过有效的应急救援行动,尽可能地降低事故的后果,包括人员伤亡、财产损失和环境破坏等。事故应急救援的基本任务包括以下几个方面:

(1)立即组织营救受害人员。组织撤离或者采取其他措施保护危害区域内的其他人员。抢救受害人员是应急救援的首要任务。在应急救援行动中,快速、有序、有效地实施现场急救与安全转送伤员,是降低事故伤亡率、减少事故损失的关键。由于重大事故发生突然、扩散迅速、涉及范围广、危害大,应及时指导和组织群众采取各种措施进行自我防护;必要时迅速撤离出危险区域或可能受到危害的区域。在撤离过程中,应积极组织群众开展自救和互救工作。

(2)迅速控制事态,并对事故造成的危害进行检测、监测,测定事故的危害区域、危害性质及危害程度。及时控制住造成事故的危险源是应急救援工作的重要任务。只有及时地控制住危险源,防止事故继续扩大,才能及时有效地进行救援。

(3)消除危害后果,做好现场恢复。针对事故对人体、环境等造成的现实危害和可能的危害,迅速采取封闭、隔离、洗消、监测等措施,防止对认定继续危害和环境的污染。及时清理废墟和恢复基本设施,将事故现场恢复至相对稳定状态。

(4)查清事故原因,评估危害程度。事故发生后,应及时调查事故发生的原因和事故性质,评估出事故的危害范围和危险程度,查明人员伤亡情况,做好事故原因调查,并总结救援工作中的经验和教训。

二、应急救援体系的基本构成

由于潜在的重大事故风险多种多样,所以相应每一类事故灾难的应急救援措施可能千差万别,但其基本应急模式是一致的。构建应急救援体系,应贯彻顶层设计和系统论的思想,以事件为中心,以功能为基础,分析和明确应急救援工作的各项需求,在应急能力评估和应急资源统筹安排的基础上,科学地建立规范化、标准化的应急救援体系,保障各级应急救援体系的统一和协调。

一个完整的应急体系应由组织体制、运作机制、法制基础和应急保障系统 4 部分构成。如图 6-1 所示。

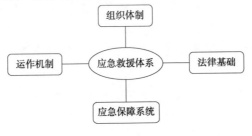

图 6-1 应急救援体系的结构

❶ 组织体制

应急救援体系在组织体制建设中的管理机构是指维持应急

救援日常管理的负责部门；功能部门包括与应急救援活动有关的各类组织机构，如消防、医疗机构等；应急救援指挥是在应急救援预案启动后，负责应急救援活动场外与场内指挥系统；而救援队伍则由专业人员和志愿人员组成。

❷ 运作机制

应急救援活动一般划分为应急准备、初级反应、扩大应急和应急恢复4个阶段，应急机制与这4个阶段的应急活动密切相关。应急运作机制主要有统一指挥、分级响应、属地为主和公众动员这4个基本机制组成。

统一指挥是应急救援活动的最基本原则。应急救援指挥一般可分为集中指挥和现场指挥，或场外指挥与场内指挥等。无论采取哪一种指挥系统，都必须实行统一指挥的模式；无论应急救援活动涉及单位的级别高低和隶属关系不同，但都必须在应急救援指挥部的统一组织协调下行动，有令则行、有禁则止、统一号令、步调一致。

分级响应是指在初级响应到扩大应急的过程中实行的分级响应的机制。扩大或提高应急救援级别的主要依据是事故灾难的危害程度、影响范围和控制事态能力。影响范围和控制事态能力是"升级"的最基本条件。扩大应急救援主要是提高指挥级别、扩大应急救援范围等。

属地为主强调"第一反应"的思想和以现场应急、现场指挥为主的原则。

公众动员机制是应急救援机制的基础，也会是整个应急救援体系的基础。

❸ 法制基础

法制建设是应急救援体系的基础和保障，也是开展各项应急救援活动的依据，与应急救援有关的法律、法规可分为4个层次：

由立法机关通过的法律,如《突发事件应对法》;由国务院颁布的法规,如《应急救援管理条例》等;以部委令颁布的政府法令、规定,如《交通运输突发事件应急管理规定》等;与应急救援活动直接有关的标准或管理办法,如《生产经营单位生产安全事故应急预案编制导则》(GB/T 29639—2013)等。

❹ 应急保障系统

列于应急保障系统第一位的是信息与通信系统,构筑集中管理的信息通信平台是应急救援体系最重要的基础建设。应急救援信息通信系统要保证所有预警、警报、报告、指挥等活动的信息交流快速、顺畅、准确,以及信息资源共享;物资与装备不但要保证有足够的资源,而且还要实现快速、及时供应到位;人力资源保障包括专业队伍的加强、志愿人员以及其他有关人员的培训教育;应急救援财务保障应建议专项应急科目,如应急基金等,以保障应急救援管理运行和应急救援反应中各项活动的开支。

三、应急救援体系响应机制

重大事故应急救援体系应根据事故的性质、严重程度、事态发展趋势和控制能力实行分级响应机制;对不同的响应级别,相应地明确事故的通报范围、应急救援中心的启动程度、应急救援力量的出动和设备、物资的调集规模、疏散范围、应急救援总指挥的职位等。典型的应急救援响应级别通常分为3级。

❶ 一级紧急情况

一级紧急情况是必须利用所有有关部门及一切资源的紧急情况,或者需要各个部门同外部机构联合处理的各种紧急情况,通常要宣布进入紧急状态。在该级别中,作出主要决定的职责通常是紧急事故管理部门。现场指挥部可在现场作出保护生命和财产以及控制事态所必需的各种决定。解决整个紧急事件的决定,应该由紧急事务管理部门负责。

❷ 二级紧急情况

二级紧急情况是需要两个或更多个部门响应的紧急情况。该事故的救援需要有关部门的协作,并且提供人员、设备或其他资源。该级响应应需要成立现场指挥部来统一指挥现场的应急救援行动。

❸ 三级紧急情况

三级紧急情况是能被一个部门正常可利用资源处理的紧急情况。正常可利用的资源指该部门在该部门权利范围内通常可以利用的应急救援资源,包括人力和物力等。必要时,该部门可以建立一个现场指挥部,所需的后勤支持、人员或其他资源增员由本部门负责解决。

四、应急救援响应程序

事故应急救援系统的应急响应程序按过程可分为接警、响应级别确定、应急启动、救援行动、应急恢复和应急结束等几个程序。如图6-2所示。

❶ 接警与响应级别确定

接到事故报警后,按照应急工作程序,对警情作出判断,初步确定相应的响应级别。如果事故不足与启动应急救援体系的最低响应级别,响应关闭。

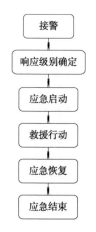

图6-2 应急响应程序

❷ 应急启动

应急响应级别确定后,按所确定的响应级别启动应急救援程序,如通知应急救援中心有关人员到位、开通信息与通信网络、通知调配救援所需的应急资源(包括应急队伍和物资、装备等)、成立现场应急指挥部。

❸ 救援行动

有关应急队伍进入事故现场后,迅速开展事故侦测、疏散、人员救助、工程抢险等有关应急救援工作,专家组为救援决策提供建议和技术支持。当事态超出响应级别无法得到有效控制时,向应急救援中心请求实施更高级别的应急救援响应。

❹ 应急恢复

救援行动结束后,进入临时应急恢复阶段。该阶段主要包括现场清理、人员清点和撤离、警戒解除、善后处理和事故调查等。

❺ 应急结束

执行应急救援关闭程序,由事故总指挥宣布应急救援结束。

第二节 应急救援预案的编制

❶ 编制应急救援预案的基本要求

应急救援预案的编制应当符合下列基本要求:
(1)符合有关法律、法规、规章和标准的规定;
(2)结合本地区、本部门、本单位的安全生产实际情况;
(3)结合本地区、本部门、本单位的危险性分析情况;
(4)应急救援组织和人员的职责分工明确,并有具体的落实措施;

(5)有明确、具体的事故预防措施和应急救援程序,并与其应急救援能力相适应;

(6)有明确的应急救援保障措施,并能满足本地区、本部门、本单位的应急救援工作要求;

(7)预案基本要素齐全、完整,预案附件提供的信息准确;

(8)预案内容与相关应急救援预案相互衔接。

❷ 应急救援预案的编制要素

完整的应急救援预案编制应包括以下一些基本要素,即分为6个一级关键要素,包括:方针与原则;应急策划;应急准备;应急响应;现场恢复;预案管理与评审改进。

6个一级要素之间既具有一定的独立性,又紧密联系,从应急的方针、策划、准备、响应、恢复到预案的管理与评审改进,形成了一个有机联系并持续改进的应急救援管理体系。根据一级要素中所包括的任务和功能,应急策划、应急准备和应急响应3个一级关键要素,可进一步划分成若干个二级小要素。所有这些要素构成了重大事故应急救援预案的核心要素,这些要素是重大事故应急救援预案编制应当涉及的基本方面。在实际编制时,根据企业的风险和实际情况的需要,也为便于预案内容的组织,可根据企业自身实际,将要素进行合并、增加、重新排列或适当的删减等。编制应急救援预案必须考虑企业的现状和需求,在事故风险分析的结果上,大量收集和参阅已有的应急救援资料,以便尽可能地减少工作环节。完整的应急救援预案应包括以下6项内容。如图6-3所示。

(1)方针与原则:无论是何级或何类型的应急救援体系,首先必须有明确的方针和原则,作为开展应急救援工作的纲领。方针与原则反映了应急救援工作的优先方向、政策、范围和总体目标,应急救援的策划和准备、应急救援策略的制定和现场应急救援及恢复,都应当围绕方针和原则开展。

图 6-3　编制应急救援预案的基本要素

事故应急救援工作是在预防为主的前提下,贯彻统一指挥、分级负责、区域为主、单位自救和社会救援相结合的原则。其中预防工作是事故应急救援工作的基础,除了平时做好事故的预防工作,避免或减少事故的发生外,还要落实好救援工作的各项准备措施,做到预先有准备,一旦发生事故就能及时实施救援。

(2)应急策划:应急预案最重要的特点是要有针对性和可操作性。因而,应急策划必须明确预案的对象和可用的应急资源情况,即在全面系统地认识和评价所针对的潜在事故类型的基础上,识别出重要的潜在事故及其性质、区域、分布及事故后果,同时,根据危险分析的结果。分析评估企业中应急救援力量和资源情况,为所需的应急资源准备提供建设性意见。在进行应急策划时,应当列出国家、地方相关的法律法规,作为制订预案和应急工作授权的依据。因此,应急策划包括危险分析、应急能力评估(资源分析),以及法律法规要求等 3 个二级要素。

(3)应急准备:主要针对可能发生的应急事件,应做好的各项准备工作。能否成功地在应急救援中发挥作用,取决于应急准备的充分与否。应急准备基于应急策划的结果,明确所需的应急组织及其职责权限、应急队伍的建设和人员培训、应急物资的准备、预案的演习、公众的应急知识培训和签订必要的互助协议等。

（4）应急响应：企业应急响应能力的体现，应包括需要明确并实施在应急救援过程中的核心功能和任务。这些核心功能具有一定的独立性，又互相联系，构成应急响应的有机整体，共同完成应急救援目的。应急响应的核心功能和任务包括：接警与通知，指挥与控制，警报和紧急公告，通信，事态监测与评估，警戒与治安，人群疏散与安置，医疗与卫生，公共关系，应急救援人员安全，消防和抢险，泄漏物控制等。当然，根据企业风险性质的不同，需要的核心应急救援功能也可有一些差异。

（5）现场恢复，即事故发生后期的处理。比如泄漏物的污染问题处理、伤员的救助、后期的保险索赔、生产秩序的恢复等一系列问题。

（6）预案管理与评审改进：强调在事故后（或演练后）的对于预案不符合和不适宜的部分进行不断的修改和完善，使其更加适宜于企业的实际应急救援工作的需要，但预案的修改和更新要有一定的程序和相关评审指标。

❸ 编制应急救援预案的程序

企业应急救援预案编制程序包括成立应急救援预案编制工作组、资料收集、风险评估、应急能力评估、编制应急救援预案和应急救援预案评审6个步骤，如图6-4所示。

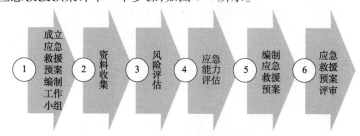

图6-4 编制应急救援预案的流程

（1）成立应急救援预案编制工作组。企业应结合本单位及部门职能和分工，成立以单位主要负责人（或分管负责人）为组长，单位相关部门人员参加的应急救援预案编制工作组；明确工作职责和任务分工，制订工作计划，组织开展应急救援预案编制工作。

（2）资料收集。应急救援预案编制工作组应收集与预案编制工作相关的法律法规、技术标准、应急救援预案、国内外同行业企业事故资料；同时收集本单位安全生产相关技术资料、周边环境影响、应急救援资源等有关资料。

（3）风险评估。其主要内容包括：

①分析本单位存在的危险因素，确定事故危险源；

②分析可能发生的事故类型及后果，并指出可能产生的次生、衍生事故；

③评估事故的危害程度和影响范围，提出风险防控措施。

（4）应急能力评估。在全面调查和客观分析生产经营单位应急救援队伍、装备、物资等应急救援资源状况基础上开展应急能力评估，并依据评估结果，完善应急救援的保障措施。

（5）编制应急救援预案。依据企业风险评估以及应急能力评估结果，组织编制应急救援预案。应急救援预案编制应注重系统性和可操作性，做到与相关部门和单位应急救援预案相衔接。

（6）应急救援预案评审。应急救援预案编制完成后，应组织评审。评审分为内部评审和外部评审，内部评审由企业主要负责人组织有关部门和人员进行。外部评审由企业组织外部有关专家和人员进行评审。应急救援预案评审合格后，由企业主要负责人（或分管负责人）签发实施，并进行备案管理。

❹ 应急救援预案的内容

企业应当根据有关法律、法规和《生产经营单位安全生产事故应急预案编制导则》（GB/T 29639—2013），结合本单位的危险源状况、危险性分析情况和可能发生的事故特点,制订相应的应急救援预案。

企业的应急救援预案体系主要由综合应急救援预案、专项应急救援预案和现场处置方案构成。企业应根据本单位组织管理体系、生产规模、危险源的性质以及可能发生的事故类型确定应急救援预案体系;并可根据本单位的实际情况,确定是否编制专项应急救援预案。风险因素单一的小微型生产经营单位可只编写现场处置方案。

综合应急救援预案是生产经营单位应急救援预案体系的总纲,主要从总体上阐述事故的应急救援工作原则,包括生产经营单位的应急救援组织机构及职责、应急救援预案体系、事故风险描述、预警及信息报告、应急响应、保障措施、应急救援预案管理等内容。

专项应急救援预案是生产经营单位为应对某一类型或某几种类型事故,或者针对重要生产设施、重大危险源、重大活动等内容而制订的应急救援预案。专项应急救援预案主要包括事故风险分析、应急救援指挥机构及职责、处置程序和措施等内容。

现场处置方案是生产经营单位根据不同事故类型,针对具体的场所、装置或设施所制订的应急救援处置措施,主要包括事故风险分析、应急救援工作职责、应急处置和注意事项等内容。生产经营单位应根据风险评估、岗位操作规程以及危险性控制措施,组织本单位现场作业人员及安全管理等专业人员共同编制现场处置方案。

❺ 应急救援预案的修订

生产经营单位制订的应急救援预案应当至少每三年修订一次;预案修订情况应有记录并归档。有下列情形之一的,应急救援预案应当及时修订:

（1）生产经营单位因兼并、重组、转制等导致隶属关系、经营方式、法定代表人发生变化的；

（2）生产经营单位生产工艺和技术发生变化的；

（3）周围环境发生变化，形成新的重大危险源的；

（4）应急救援组织指挥体系或者职责已经调整的；

（5）依据的法律、法规、规章和标准发生变化的；

（6）应急救援预案演练评估报告要求修订的；

（7）应急救援预案管理部门要求修订的。

企业应当及时向有关部门或者单位报告应急救援预案的修订情况，并按照有关应急救援预案报备程序重新备案。

❻ 应急救援预案的实施与管理

在《交通运输突发事件应急管理规定》中，交通运输部对于企业预案实施与管理提出了明确意见。主要包括如下几个方面：

（1）交通运输企业应当组织开展企业内交通运输突发事件危险源辨识、评估工作，采取相应安全防范措施，加强危险源监控与管理，并按规定及时向交通运输主管部门报告。

（2）交通运输企业应当建立应急救援值班制度，根据交通运输突发事件的种类、特点和实际需要，配备必要值班设施和人员。

（3）交通运输企业应当加强对本单位应急设施、设备、队伍的日常管理，保证应急处置工作及时、有效开展。

（4）交通运输突发事件应急处置过程中，交通运输企业应当接受交通运输主管部门的组织、调度和指挥。

从企业层面来看，交通运输企业应急救援预案的实施与管理主要涉及以下几个方面的具体工作。

（1）建立组织，明确职责。企业应明确本企业应急救援组织形式，如领导小组、专家小组、现场处置小组等。应指明各级应急救援指挥机构的构成部门(单位)或人员,并明确每一级机构负责单位或人员和每一具体行动的负责人及替代关系。并尽可能以结构图的形式表示出来。

明确应急救援指挥机构的主要职责,以及总指挥和副总指挥的相应职责。企业视情可建立应急救援抢险专家库,以便指挥机构在必要时成立专家小组,为现场应急救援工作提供应急救援建议和技术支持。指挥机构的职责主要包括:研究政策、落实措施、批准预案、启动和终止预案、协调和指挥抢险、发布信息和组织演练等。应急救援指挥机构根据事故类型和应急救援工作需要,可以设置相应的专项应急救援处置工作小组,并明确各小组负责人和各小组的工作任务及职责。

(2)严密监控,科学预警,及时响应。明确本企业对危险源监测监控的方式、方法,以及采取的预防措施。企业应针对可能发生的各类突发事件,完善预防与预警机制,开展安全风险评估,做到早发现、早报告、早处置并制定有效的预防措施。按职开展安全监督、检查,坚决制止"三违"行为。对可能引发各类突发事件的预测、预警信息要及时上报。明确事故预警的条件、方式、方法和信息的发布程序。企业可通过收集和研究可能导致安全生产突发事件的内部信息和外部信息,及早提示、预警并采取有效的应对措施,以预防事件的发生。

当发生突发事件时,应密切跟踪事态发展,做好应急救援准备工作,并向有关单位发布预警信息。当事件发展符合本级预案启动条件时立即发出启动本预案指令,按照预案程序和规定通知相关机构或部门立即进入应急救援工作状态。当事态发展认为需要支持时应及时请求上一级应急救援指挥机构协调和指导。

根据本企业的组织结构、职能分配和所属单位情况,明确已划分各级别突发事件响应程序。包括明确各级别事件应急救援预案的启动条件、响应的基本原则、突发事件响应等级递进规定和响应过程的联系方式等,以及明确各响应等级的应急指挥、应急行动、资源调配、应急避险等响应程序。在制定响应程序时应当注意,如果超出本级应急处置能力时,要及时请求上一级应急救援指挥机构启动应急救援预案实施救援。

(3)及时上报,信息通畅。各企业要建立、完善先进的应急救援通信系统,并做好平时的管理和维护工作,确保应急通信24小时畅通。明确企业24小时应急值守电话、事故信息接收和通报程序。包括公示企业全天候值班电话、明确员工报警的标准、方式、信号、相互认可的报告、报警形式和内容(避免误解)、应急反应人员向外求援的方式以及信息在事发企业与上一级企业和事发企业内部各级应急救援机构间的传递和处置等;报告内容包括常规信息、事件信息、人员信息、措施信息等。

明确事故发生后向上级主管部门和地方人民政府,以及有关单位报告事故信息的流程、内容和时限。当突发事件发生后,企业在视情启动应急救援预案的同时,应按照有关规定及时如实向上一级企业和当地政府或主管部门报告,不得迟报、谎报、瞒报和漏报。报告内容主要包括时间、地点、信息来源、事件性质、危害程度、事件发展趋势和已经采取的措施等。

(4)合理配员,保障物资及经费。明确各类应急响应的人力资源,包括专业应急救援队伍、兼职应急救援队伍的组织与保障方案。企业应按照各行业有关规定配备应急救援队伍,以专职和兼职应急救援队伍为基础,加强应急救援队伍业务培训和演练,强化全员应急救援能力建设。加强对外交流与合作,不断提高本企业应急救援队伍综合素质。

明确应急救援需要使用的应急救援物资和装备的类型、数量、性能、存放位置、管理责任人及其联系方式等内容。明确应急救援专项经费来源、使用范围、数量和监督管理措施,保障应急状态时企业应急救援经费的及时到位。

(5)强化训练,及时更新。明确对本企业人员开展的应急救援培训计划、方式和要求。企业每年应按照有关规定结合本单位实际情况制订应急救援培训计划,对全体员工进行应急救援培训教育(包括应急预防、避险、避灾、自救、互救等有关应急救援综合素质培训)。应急救援指挥机构负责制订专职或兼职应急救援人员培训计划,并列入各级行政管理培训课程计划。如果预案涉及社区和居民,就要做好宣传教育和告知等工作。

明确应急救援演练的规模、方式、频次、范围、内容、组织、评估、总结等内容。企业各级应急救援指挥机构应结合本单位的实际情况按照国际公约、法规及有关规定,定期或不定期组织应急救援演习以保证各级应急救援预案的有效实施,如应规定每年至少进行一次专项应急救援演练。要做好应急救援演练的组织、策划、实施工作,并做好演练结束后的总结评估及改进等各项工作。演练的总结和评估要向上一级单位报告。

明确应急救援预案维护和更新的基本要求,定期进行评审,实现可持续改进。本预案所依据的公约、法律法规、所涉及的机构和人员发生重大改变或在执行中发现存在重大缺陷时,本企业应及时组织修订,定期组织对本预案进行评审。并将预案纳入企业的日常管理规章,并接受有关机构的监督、审核和检查,不断自我改进。当本预案有变动时应重新向上一级单位和主管机构报备。

此外,在应急救援预案的实施过程中,应明确事故应急救援工作中奖励和处罚的条件和内容。企业突发事件应急救援处置工作,应实行行政领导负责制和责任追究制。对突发事件应急救援管理工作中作出突出贡献的先进集体和个人要给予表彰和奖励。对迟报、谎报、瞒报和漏报突发事件重要情况或者应急救援管理工作中有其他失职、渎职行为的,按照企业有关规定对有关责任人给予行政处分。构成犯罪的应移送司法机关依法追究刑事责任。

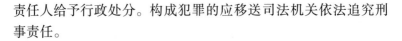

第三节 应急救援的管理

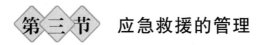

一、应急救援队伍

❶ 应急救援队伍建设基本要求

企业应按照实际情况，设置安全生产应急救援管理机构，设置专职或兼职应急救援管理人员，建立由本单位职工组成的专职或兼职应急救援队伍，建立应急救援管理工作制度。

应急救援队伍建设应按照"统一指挥、协同作战、分级负责"的原则，纳入行业应急救援体系统一调度、作战和训练，做到"三定一有"，即定指挥、定人员、定制度，有保障。

1）定指挥

道路运输企业选择责任心强、业务精的分管领导担任应急救援指挥，具体负责救援队伍的日常培训、演练等工作。

2）定人员

选择综合素质高、身体条件好、反应速度快、适应能力强的人员作为企业专业应急救援队伍，做到人员相对固定，并登记在册。

3）定制度

从应急救援管理、应急救援指挥的实际需要出发，就应急救援队伍的"责任主体、组建形式、人员构成、工作程序和综合保障"等作出明确规定，保证应急救援管理工作步入制度化、规范化轨道。

4）有保障

要加强安全保障方面的投入，配备必要的安全防护器材和设备，最大限度地保护各类应急救援行动参与人员的安全。主动为一线专业应急救援人员购置必要的人员伤害保险，解决其参与应急救援活动后顾之忧。

❷ 应急救援人员培训管理

企业应定期对应急救援队伍开展应急救援相关培训和训练，提高其应急反应和应急救援能力。

1）应急救援培训的原则和范围

为提高应急救援人员的技术水平与应急救援队伍的整体能力，以便在道路运输事故的应急救援行动中，达到快速、有序、有效的效果，经常性地开展应急救援培训或演习应成为应急救援队伍的一项重要的日常性工作。应急救援培训与演习的指导思想应以加强基础、突出重点、边练边战、逐步提高为原则。

应急救援培训与演习的基本任务是锻炼和提高道路运输应急救援队伍在突发事故情况下的快速抢险、及时营救伤员，正确指导和帮助群众防护或撤离，有效消除危害后果、开展现场急救和伤员转送等应急救援技能和应急反应综合素质，有效降低事故危害，减少事故损失。

应急救援培训的范围应包括，企业全员的培训和专业应急救援队伍的培训。

2）应急救援培训的基本内容

基本应急救援培训是指对参与应急救援行动所有相关人员进行的最低程度的应急救援培训，要求应急救援人员了解和掌握如何识别危险、如何采取必要的应急措施、如何启动紧急情况警报系统、如何安全疏散人群等基本操作；尤其要加强火灾应急救援培训以及危险物质事故应急救援的培训。因为旅客滞留、火灾和撞车、翻车事故是常见的事故类型，因此，培训中要加强与灭火

操作有关的训练,强调不同情形道路运输安全事故的不同应急救援水平和注意事项等内容。其主要内容包括以下几方面:

(1)报警。

(2)疏散。

(3)火灾应急培训。

(4)不同水平应急者培训。

3)训练和演习类型

应急救援演习可以根据不同的标准分类。根据演习规模可以分为桌面演习、功能演习和全面演习;根据演习的基本内容不同可以分为基础训练、专业训练、战术训练和自选科目训练。具体可参照进行评价。

(1)基础训练。基础训练是应急救援队伍的基本训练内容之一,是确保完成各种应急救援任务的基础。基础训练主要包括队列训练、体能训练、防护装备和通信设备的使用训练等内容。训练的目的是使应急救援人员具备良好的战斗意志和作风,熟练掌握个人防护装备的穿戴,通信设备的使用等。

(2)专业训练。专业技术关系到应急救援队伍的实战水平,是顺利执行应急救援任务的关键,也是训练的重要内容,主要包括专业常识、疏散、抢运、现场急救等,涉及危险货物还有堵源技术和清消等技术。通过专业训练可使救援队伍具备一定的救援专业技术,有效地发挥救援作用。

(3)战术训练。战术训练是救援队伍综合训练的重要内容和各项专业技术的综合运用,是提高救援队伍实战能力的必要措施。战术训练可分为班(组)战术训练和分队战术训练。通过训练,可使各级指挥员和救援人员具备良好的组织指挥能力和实际应变能力。

(4)自选科目训练。自选科目训练可根据各自的实际情况,选择开展如火灾、交通事故、综合演练等项目的训练,进一步提高救援队伍的救援水平。救援队伍的训练可采取自训与互训相结合,岗位训练与脱产训练相结合,分散训练与集中训练相结合的方法。在时间安排上应有明确的要求和规定。为保证训练有素,在训练前应制订训练计划,训练中应组织考核,演习完毕后应总结经验,编写演习评估报告,对发现的问题和不足应予以改进并跟踪。

二、应急救援装备

企业应当按照有关规划和应急救援预案的要求,根据应急救援工作的实际需要,建立健全应急装备和应急物资储备、维护、管理和调拨制度;储备必需的应急物资和运力,配备必要的专用应急救援指挥交通工具和应急通信装备,并定期对应急物资装备进行检查和维护,确保其处于正常使用状态。

应急救援包,如图6-5所示;车用应急包,如图6-6所示。

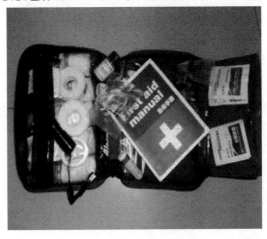

图6-5　应急救援包

图 6-6 车用应急包

三、应急救援预案的实施与演练

企业发生事故后,企业及时启动应急救援预案,组织有关力量进行救援,采取相应应急救援措施对现场进行处置,减少人员伤亡和财产损失,并按照规定将事故信息及应急救援预案启动情况报告有关部门。

企业应当制订本单位的应急救援预案演练计划,根据本单位的事故预防重点,每年至少组织一次综合应急救援预案演练或者专项应急救援预案演练,每半年至少组织一次现场处置方案演练。

❶ 应急救援演练的定义

应急救援演练指针对情景事件,按照应急救援预案而组织实施的预警、应急救援响应、指挥与协调、现场处置与救援、评估总结等活动。情景事件指针对生产经营过程中存在的危险源或危险、有害因素而设定的突发事件。

应急救援演练是对实际突发事件应急救援过程的模拟,包括常规的应急救援处置流程和设定的关键事件等。其目的是为了检验应急救援预案、应急救援装备、应急救援基础设施、后勤保障等。通过演练,一是检验预案的实用性、可用性、可靠性;二是取得实战经验以修改应急救援预案的缺陷与不足,提高预案可操作性;三是检验员工是否明确自己的职责和应急救援行动程序,以及反应应急救援队伍的协同反应水平和实战能力;四是提高人们避免事故、防止事故、抵抗事故的能力,提高对事故的警惕性。

❷ 应急救援演练的分类

按照应急救援演练的内容,可分为综合演练和专项演练;按照应急救援演练的形式,可分为现场演练和桌面演练;按照应急救援演练的目的,可分为检验性演练、研究性演练。

1)综合演练

根据情景事件要素,按照应急救援预案检验包括预警、应急救援响应、指挥与协调、现场处置与救援、保障与恢复等应急救援行动和应对措施的全部应急救援功能的演练活动。

2)专项演练

根据情景事件要素,按照应急救援预案检验某项或数项应对措施或应急救援行动的部分应急救援功能的演练活动。

3)现场演练

选择(或模拟)生产建设某个工艺流程或场所,现场设置情景事件要素,并按照应急救援预案组织实施预警、应急救援响应、指挥与协调、现场处置与救援等应急救援行动和应对措施的演练活动。

4)桌面演练

设置情景事件要素,在室内会议桌面(图纸、沙盘、计算机系统)上,按照应急救援预案模拟实施预警、应急救援响应、指挥与协调、现场处置与救援等应急救援行动和应对措施的演练活动。

5）检验性演练

不预先告知情景事件，由应急救援演练的组织者随机控制，参演人员根据演练设置的突发事件信息，按照应急救援预案组织实施预警、应急救援响应、指挥与协调、现场处置与救援等应急救援行动和应对措施的演练活动。

6）研究性演练

为验证突发事件发生的可能性、波及范围、风险水平以及检验应急救援预案的可操作性、实用性等而进行的预警、应急救援响应、指挥与协调、现场处置与救援等应急救援行动和应对措施的演练活动。

❸ 应急救援演练的基本内容

1）预警与通知

接警人员接到报警后，按照应急救援预案规定的时间、方式、方法和途径，迅速向可能受到突发事件波及区域的相关部门和人员发出预警通知；同时报告上级主管部门或当地政府有关部门、应急救援机构，以便采取相应的应急救援行动。

2）决策与指挥

根据应急救援预案规定的响应级别，建立统一的应急救援指挥、协调和决策机构，迅速有效地实施应急救援指挥，合理高效地调配和使用应急救援资源，控制事态发展。

3）应急救援通信

保证参与预警、应急救援处置与救援的各方，特别是上级与下级、内部与外部相关人员通信联络的畅通。

4）应急救援监测

对突发事件现场及可能波及区域的气象、有毒有害物质等进行有效监控并进行科学分析和评估，合理预测突发事件的发展态势及影响范围,避免发生次生或衍生事故。

5) 警戒与管制

建立合理警戒区域,维护现场秩序,防止无关人员进入应急救援处置与救援现场,保障应急救援队伍、应急救援物资运输和人群疏散等的交通畅通。

6) 疏散与安置

合理确定突发事件可能波及区域,及时、安全、有效地撤离、疏散、转移,妥善安置相关人员。

7) 医疗与卫生保障

调集医疗救护资源对受伤人员合理验伤并分级,及时采取有效的现场急救及医疗救护措施,做好卫生监测和防疫工作。

8) 现场处置

应急救援处置与救援过程中,按照应急救援预案规定及相关行业技术标准采取的有效技术与安全保障措施。

9) 公众引导

及时召开新闻发布会,客观、准确地公布有关信息,通过新闻媒体与社会公众建立良好的沟通。

10) 现场恢复

应急救援处置与救援结束后,在确保安全的前提下,实施有效洗消、现场清理和基本设施恢复等工作。

11) 总结与评估

对应急救援演练组织实施中发现的问题和应急救援演练效果进行评估总结,以便不断改进和完善应急救援预案,提高应急救援响应能力和应急救援装备水平。

12) 其他

根据相关行业(领域)安全生产特点所包含的其他应急救援功能。

❹ 应急救援演练的计划

1)应急救援演练计划的内容

针对道路运输企业安全生产特点对应急救援演练活动进行整体规划,编写应急救援演练年度计划。内容通常包括:演练的目的、类型、形式、时间、地点、内容、参与演练的部门、人员、演练经费预算等。

2)应急救援演练计划的要求

应急救援演练计划应以道路运输企业安全生产应急救援预案为基本依据,针对可能发生的突发事件,着重提高初期应急救援处置和协同救援的能力。演练频次应满足应急救援预案的规定,演练范围应有一定的覆盖面。

❺ 应急救援演练的实施

(1)熟悉演练方案。应急救援演练领导小组正、副组长或成员召开会议,重点介绍有关应急救援演练的计划安排,了解应急救援预案和演练方案,做好各项准备工作。

(2)安全措施检查。确认演练所需的工具、设施、设备以及参演人员到位。对应急救援演练安全保障方案以及设施、设备进行检查确认,确保安全保障方案的可行性,安全设施、设备的完好性。

(3)组织协调。应在控制人员中指派必要数量的组织协调员,对应急救援演练过程进行必要的引导,以防出现意外事故。组织协调员的工作位置和任务应在应急救援演练方案中作出明确的规定。

(4)紧张有序开展应急救援演练。应急救援演练总指挥下达演练开始指令后,参演人员针对情景事件,根据应急救援预案的规定,紧张有序地实施必要的应急救援行动和应急救援措施,直至完成全部演练工作。

消防应急救援演练,如图 6-7 所示。

图 6-7　消防应急救援演练

❻ 应急救援演练的评估和总结

应急救援预案演练结束后,企业应当对应急救援预案演练效果进行评估,撰写应急救援预案演练评估报告,分析存在的问题,并对应急救援预案提出修订意见。

1)应急救援演练的评估

应急救援演练的评估必须在应急救援演练结束后立即进行。应急救援演练组织者、控制人员和评估人员以及主要演练人员应参加评估会。

评估人员对应急救援演练目标的实现情况、参演队伍及人员的表现、应急救援演练中暴露的主要问题等进行讲评,并出具评估报告。对于规模较小的应急救援演练,评估也可以采用口头点评的方式。

2)应急救援演练的总结

应急救援演练结束后,评估组汇总评估人员的评估总结,撰写评估总结报告,重点对应急救援演练组织实施中发现的问题和应急救援演练效果进行评估总结,也可对应急救援演练准备、策划等工作进行简要总结分析。

应急救援演练评估总结报告,通常包括以下内容:

(1)本次应急救援演练的背景信息;

(2)对应急救援演练准备的评估;

(3)对应急救援演练的策划与应急救援演练方案的评估;

(4)对应急救援演练的组织、预警、应急救援响应、决策与指挥、处置与救援、应急救援演练效果的评估;

(5)对应急救援预案的改进建议;

(6)对应急救援技术、装备方面的改进建议;

(7)对应急救援管理人员、应急救援人员培训方面的建议。

第四节 突发事件应急救援处置

一、突发事件的定义

突发事件,是指突然发生,造成或者可能造成严重社会危害,需要采取应急处置措施予以应对的自然灾害、事故灾难、公共卫生事件和社会安全事件。

突发事件一般依据突发事件可能造成的危害程度、波及范围、影响力大小、人员及财产损失等情况,由高到低划分为特别重大(Ⅰ级)、重大(Ⅱ级)、较大(Ⅲ级)、一般(Ⅳ级)4个级别,并依次采用红色、橙色、黄色、蓝色来加以表示。

突发事件具有如下共同特征:

(1)突发性。突发性是突发事件的主要特征,突发事件能否发生,于何时、何地、以何种方式爆发以及爆发的程度等情况,人们都始料未及、难以准确把握。突发事件从始至终都处于不断变化过程当中,往往毫无规律,不能事先准确预测和确定,使突发事件预防机制的建立困难重重。

（2）紧迫性。突发事件的发生突如其来或者只有短时预兆，事态发展迅速，必须立即采取非常态的紧急措施加以处置和控制，否则将会造成更大的危害和损失。

（3）严重性。突发事件的发生往往会导致人员伤亡、财产损失和环境破坏，具有较大危害，而且这种危害还体现在社会公众领域，事件本身会迅速引起公众关注，进而渗透到社会的各个层面，造成公众心理恐慌和社会秩序混乱。突发事件的危害范围和破坏力越大，造成的影响和后果就越严重。

（4）社会性。突发事件起因千差万别，如地震、火灾、瘟疫、暴乱等，但其作用对象不是个人，而是社会公众，至少是一个特定单位或区域内的一群人。因此，防范突发事件需要公众支持和参与。

在道路运输企业中，突发事件一般有道路运输事故、自然灾害事件、危险化学品道路运输事故、客运站旅客滞留、火灾等。

二、突发事件应对要求

突发事件的应对应遵从以下原则：
以人为本，减轻危害；
统一领导，分级负责；
社会动员，协调联动；
属地先期处置；
依靠科学，专业处置；
鼓励创新，迅速高效。

❶ 健全落实应急制度

道路运输企业要加快应急管理的制度的制订。由于突发事件的不确定性，要把应急管理纳入规范化、制度化、法制化轨道，跟上突发事件的发展要求。确保突发事件应急救援人员、装备、资源、通信、应急救援预案的落实。

❷ 提高员工危机意识和应急救援能力

加强员工应急救援知识和相关法律法规的培训学习,提高安全意识和自救、互救能力。

❸ 应急救援队伍

建立专业的或兼职的应急救援队伍,联合培训、联合演练,提高协同应急救援能力。

❹ 应急救援装备

应急救援装备是用于应急救援管理与应急救援的工具、器材、服装、技术力量等。如消防车、监测仪、防化服、隔热服等。它们是应急救援的有力武器与重要保障,通过应急救援装备可以高效处置事故、保障相关人员生命安全、减少财产损失、维护社会稳定。

❺ 应急救援保障

应急救援的保障,主要包括:物资储备保障、经费保障和通信保障。

❻ 隐患、危险源调查和监控

突发事件发生前的预防是突发事件管理的重点,预防是突发事件管理中最简便、成本最低的方法。做好监测、预测工作,及时收集各种信息,并对这些信息进行分析、辨别,有效觉察潜伏的危机,对危机的后果事先加以估计和准备,预先制订科学而周密的危机应变计划,对危机采取果断措施,为危机处理赢得主动,从而预防和减少自然灾害、事故灾难、公共卫生和社会安全事件及其造成的损失,确保人民群众生命财产安全,维护社会稳定发展。

❼ 应急救援预案

应急救援预案应针对各级各类可能发生的事故和所有危险源制订专项应急救援预案和现场应急救援处置方案;并明确事前、事发、事中、事后的各个阶段中相关部门和有关人员的职责。制订完善的应急救援预案对应急救援管理工作有着重要指导作用,能以最快的速度发挥最大的效能,有序实施救援,尽快控制事态发展,降低紧急事件造成的危害,减少事故损失和人员伤亡。

❽ 应急救援演练

应急救援演练是指针对情景事件,按照应急救援预案而组织实施的预警、应急救援响应、指挥与协调、现场处置与救援、评估总结等活动。通过应急救援演练,检验预案的实用性、可用性、可靠性;取得实战经验以修改应急救援预案的缺陷与不足,提高预案的可操作性;检验员工是否明确自己的职责和应急救援行动程序,以及反映应急救援队伍的协同反应能力和实战能力;提高人们避免事故、防止事故、抵抗事故的能力,提高对事故的警惕性。

❾ 加强协调

加强协调,积极配合,对突发事件迅速作出反应。道路运输企业应该建立突发事件应急救援反应机制,明确各部门的职责,将部门协调行动制度化,以保障各部门和领导在第一时间对危机作出判断,迅速反应,政令畅通,各部门协调配合,临事不乱。各部门要树立大局意识和责任意识,不仅要加强本部门的应急救援管理,落实好自己责任范围内的专项预案,还要按照总体应急救援预案的要求,做好纵向和横向的协同配合工作。

三、突发事件应急救援处置流程

道路运输企业对于突发事件一般遵从以下处理流程:

(1)首要任务就是控制和遏制事故,防止事故扩大,减少人员伤害或财产损失。

(2)将突发的事件情况或紧急状态迅速通知企业相关安全人员。

(3)及时向上级部门和当地人民政府报告,取得政府主管部门和专业救援机构的指导和支持,积极配合专业的应急救援机构的工作,尽量减少人员伤亡和财产损失。

(4)关闭、转移、隔离相关的危险设施设备或系统。

(5)紧急状态关键时期,授权披露有关信息,指定一名高级管理人员作为该信息的唯一出处,防止发生信息误导。

四、应急救援处置措施

道路旅客运输企业突发事件一般有道路交通事故、火灾、自然灾害事件、公共卫生事件、社会安全事件等。

❶ 交通事故应急救援处置

(1)事故发生后,事故现场有关人员应当立即向本单位负责人报案;单位负责人接到报案后,应当立即向相关主管机关报告事故情况。

(2)同时配合救援机构,开展救援工作,尽量减少人员伤亡和财产损失。

(3)企业指派相关负责人处理事故。

(4)在交管部门的指导下,同受害人沟通,依照国家相关规定进行赔偿。

（5）保险公司索赔。

❷ 火灾事故应急救援处置

（1）及时通知企业领导，拨打"119"火警。

（2）及时接通火灾报警装置或火灾事故广播，组织疏散人员、车辆等，在安全条件下转移、隔离重大危险源。

（3）停止运行相关装置（风机、防火阀等），防止火灾扩大。

（4）选择正确有效的方法灭火或配合专业消防人员灭火。

（5）火被扑灭后，将消防装置恢复到正常运行状态。

❸ 自然灾害和公共卫生事件应急救援处置

（1）报告上级有关部门，配合组织营救和救治受害人员，疏散、撤离，并妥善安置受到威胁的人员以及采取其他救助性措施。

（2）迅速控制危险源，标明危险区域，封锁危险场所，划定警戒区，以及采取其他控制措施。

（3）禁止或者限制使用有关设施、设备，关闭或者限制使用有关场所，中止人员密集的活动或者可能导致危害扩大的生产经营活动以及采取其他保护措施等。

❹ 社会治安事件应急救援处置

（1）报告上级有关部门，强制隔离使用器械相互对抗或者以暴力行为参与冲突的当事人，妥善解决现场纠纷和争端，控制事态发展。

（2）对特定区域内的建筑物、交通工具、设施、设备以及燃料、燃气、电力、水的供应进行控制。

（3）封锁有关场所、道路，查验现场人员的身份证件，限制有关公共场所内的活动等。

第七章 事故报告、处理与案例分析

第一节 事故信息报告

一、事故报告程序

（1）当道路运输生产经营企业发生涉及达到法定上报等级的人身事故、机械设备事故、火灾事故、交通事故、环境污染等事故时，按照《生产安全事故报告和调查处理条例》和交通运输部有关交通运输安全生产事故的信息报告的有关规定，其事故报告程序如下：

①事故发生后，现场有关人员应立即向公司负责人报告。

②企业负责人接到报告后，应当于1小时内向辖区县级以上人民政府安全生产监督管理部门和道路运输管理部门、公安交警等负有安全生产监督管理职责的有关部门报告。

③道路交通事故、火灾事故自发生之日起7日内，事故造成的伤亡人数发生变化的，应于当日续报。

（2）安全生产监督管理部门和负有安全生产监督管理职责的有关部门接到事故报告后，应当依照下列规定上报事故情况，并通知公安机关、劳动保障行政部门、工会和人民检察院：

①特别重大事故、重大事故逐级上报至国务院安全生产监督管理部门和负有安全生产监督管理职责的有关部门。

第七章 事故报告、处理与案例分析

②较大事故逐级上报至省、自治区、直辖市人民政府安全生产监督管理部门和负有安全生产监督管理职责的有关部门。

③一般事故上报至设区的市级人民政府安全生产监督管理部门和负有安全生产监督管理职责的有关部门。

(3) 安全生产监督管理部门和负有安全生产监督管理职责的有关部门依照前款规定上报事故情况，应当同时报告本级人民政府。国务院安全生产监督管理部门和负有安全生产监督管理职责的有关部门以及省级人民政府接到发生特别重大事故、重大事故的报告后，应当立即报告国务院。

必要时，安全生产监督管理部门和负有安全生产监督管理职责的有关部门可以越级上报事故情况。

(4) 安全生产监督管理部门和负有安全生产监督管理职责的有关部门逐级上报事故情况，每级上报的时间不得超过 2 小时。

(5) 事故报告后出现新情况的，应当及时补报。自事故发生之日起 30 日内，事故造成的伤亡人数发生变化的，应当及时补报。道路交通事故、火灾事故自发生之日起 7 日内，事故造成的伤亡人数发生变化的，应当及时补报。

(6) 报告事故应当包括下列内容：

①事故发生单位概况；

②事故发生的时间、地点以及事故现场情况；

③事故的简要经过；

④事故已经造成或者可能造成的伤亡人数（包括下落不明的人数）和初步估计的直接经济损失；

⑤已经采取的措施；

⑥其他应当报告的情况。

(7) 事故发生单位负责人接到事故报告后，应当立即启动事故相应应急救援预案，或者采取有效措施，组织抢救，防止事故扩大，减少人员伤亡和财产损失。

(8)道路交通事故报告。发生道路交通生产安全事故的,事故现场有关人员首先要向公安交通管理部门报案,还应当立即向本单位负责人报告。单位负责人接到报告后,应当(1小时内)迅速向事故发生地交通运输主管部门、运输经营者所属地的交通运输主管部门、事故发生地县级以上人民政府安全生产监督管理部门以及负有安全生产监督管理职责的有关部门报告。

道路交通生产安全事故报告的具体程序如下:

①事故现场人员报告,报告的内容包括事故发生的时间、地点、企业名称、运行线路、事故车辆型号、车牌号、姓名、乘客人数、伤亡情况,事故大概经过、已经采取的措施等内容。

②单位负责人接到报告后,应当于1小时内向事故发生地县级以上人民政府安全生产监督管理部门和道路运输管理部门、公安交警等负有安全生产监督管理职责的有关部门报告。

③事故具体情况暂时不清楚的,负责事故报告的单位可以先报事故概况,随后补报事故全面情况。

(9)关于事故迟报、漏报、谎报与瞒报。生产安全事故发生后,依照下列情形认定迟报、漏报、谎报和瞒报:

①报告事故的时间超过规定时限的,属于迟报。

②因过失对应当上报的事故或者事故发生的时间、地点、类别、伤亡人数、直接经济损失等内容遗漏未报的,属于漏报。

③故意不如实报告事故发生的时间、地点、初步原因、性质、伤亡人数和涉险人数、直接经济损失等有关内容的,属于谎报。

④隐瞒已经发生的事故,超过规定时限未向安全监管监察部门和有关部门报告,经查证属实的,属于瞒报。

二、处罚规定

(1)事故发生单位主要负责人有下列行为之一的,处上一年

年收入40%至80%的罚款;属于国家工作人员的,并依法给予处分;构成犯罪的,依法追究刑事责任:

①不立即组织事故抢救的;

②迟报或者漏报事故的;

③在事故调查处理期间擅离职守的。

(2)事故发生单位及其有关人员有下列行为之一的,对事故发生单位处100万元以上500万元以下的罚款;对主要负责人、直接负责的主管人员和其他直接责任人员处上一年年收入60%至100%的罚款;属于国家工作人员的,并依法给予处分;构成违反治安管理行为的,由公安机关依法给予治安管理处罚;构成犯罪的,依法追究刑事责任:

①谎报或者瞒报事故的;

②伪造或者故意破坏事故现场的;

③转移、隐匿资金、财产,或者销毁有关证据、资料的;

④拒绝接受调查或者拒绝提供有关情况和资料的;

⑤在事故调查中作伪证或者指使他人作伪证的;

⑥事故发生后逃匿的。

(3)事故发生单位对事故发生负有责任的,依照下列规定处以罚款:

①发生一般事故的,处10万元以上20万元以下的罚款;

②发生较大事故的,处20万元以上50万元以下的罚款;

③发生重大事故的,处50万元以上200万元以下的罚款;

④发生特别重大事故的,处200万元以上500万元以下的罚款。

(4)事故发生单位主要负责人未依法履行安全生产管理职责,导致事故发生的,依照下列规定处以罚款;属于国家工作人员的,并依法给予处分;构成犯罪的,依法追究刑事责任:

①发生一般事故的,处上一年年收入30%的罚款;

②发生较大事故的,处上一年年收入40%的罚款;
③发生重大事故的,处上一年年收入60%的罚款;
④发生特别重大事故的,处上一年年收入80%的罚款。

(5)事故发生单位对事故发生负有责任的,由有关部门依法暂扣或者吊销其有关证照;对事故发生单位负有事故责任的有关人员,依法暂停或者撤销其与安全生产有关的执业资格、岗位证书;事故发生单位主要负责人受到刑事处罚或者撤职处分的,自刑罚执行完毕或者受处分之日起,5年内不得担任任何生产经营单位的主要负责人。

第二节 事故案例分析

一、四川省马尔康县"3·13"重大道路交通事故案例

❶ 事故经过

2012年3月13日12时25分许,驾驶员王某驾驶大型客车从成都市前往四川省阿坝州马尔县,车辆行驶至国道317线219km处,在限速40km的长坡弯道,以83km/h的车速行驶,与道路左侧防护栏发生碰撞,客车沿防护栏向前滑行56.1m后,冲毁护栏并越过路侧排水沟和路外土堆,继续向前滑行41m后坠入65m的斜坡下,事故共造成15人死亡、6人受伤。事故现场,如图7-1所示。

❷ 事故原因

1)直接原因

根据事故调查报告,本案例事发路段为长下坡路段,限速为40km/h,事故发生车辆设计行驶速度为83km/h,超速107.5%。

经调查认定,超速行驶是造成本次事故的直接原因。

图 7-1 事故现场

2)间接原因

(1)驾驶员安全意识淡薄。驾驶员安全意识薄弱,存在违章驾驶行为,经常超速驾驶车辆,据事发单位 GPS 动态监控平台记录显示,该驾驶员每月有 1500 多次超速行为。

(2)企业安全管理不到位。企业安全管理存在漏洞,未对驾驶员开展有效的安全培训教育,安全管理制度未落实,GPS 动态监控平台未对车辆进行有效监控,对违章、违规驾驶车辆未进行及时、有效的提醒和纠正。

❸ 事故责任

大型客车驾驶员对此次事故发生负有直接责任,鉴于其已在事故中死亡,不再追究责任;大型客车所属道路运输企业董事长、总经理等 5 名安全管理负责人未能落实安全生产管理职责,被依法追究相应责任。

❹ 事故防范措施

(1)健全企业安全生产责任制,明确各岗位安全职责。

（2）严格执行落实安全管理制度和奖惩制度，完善各项安全管理措施，确保安全工作确实落实到位，对违章、违规人员实施严格惩处，纠正其不安全行为。

（3）加强驾驶员的教育培训，提高其安全意识，规范其安全行为。

二、连霍高速河南三门峡市"8·31"重大道路交通事故

❶ 事故经过

2012年8月31日上午8时50分，驾驶员郭某驾驶一辆中型客车从灵宝市出发，行驶至连霍高速三门峡市境内784km+480m处，行驶速度约为85.6km/h（该路段限速70km/h），因遇大雨，且车辆制动系统存在问题，车辆发生侧滑，撞向道路左侧中央隔离墙，随后又冲破道路右侧防护栏，坠入深20m的沟内，事故造成11人死亡、14人受伤。事故现场，如图7-2所示。

图7-2　事故现场

❷ 事故原因

1)直接原因

根据事故调查报告,本案例中,中型客车未能按要求进行定期检测、维护,出站前未做车辆例检,车辆制动系统存在隐患。驾驶员郭某不具备道路运输从业资格且超速行驶。乘务员辛某未督促乘客系好安全带,并且,事发车辆的安全带约40%存在问题,不能正常使用,汽车在出站前也未对乘客安全带情况进行检查,这些因素最终导致了这起事故的严重后果。

2)间接原因

发生事故车辆所在企业的安全管理存在严重漏洞和不足,具体表现在以下几个方面:

(1)违法聘用不具备道路运输从业资格的人员作为驾驶员,驾驶员管理混乱。

(2)安全设施不到位。车辆上的安全带损坏不进行更换。

(3)车辆未定期维护检测、维修。未定期对车辆进行检测、维护维修,让故障隐患车辆上路运营。

(4)安全教育培训不到位。

(5)安全职责不落实。

(6)动态监控工作不落实。

❸ 事故责任

驾驶员郭某因交通肇事罪被依法追究刑事责任;该企业被处以60万元经济处罚并停业整顿;企业经理、副经理等5名责任人员均被依法追究相应的刑事责任。

❹ 事故防范措施

(1)严格执行相关法律法规要求,建立健全企业安全生产责任制,并落实到位。

（2）建立完善的规章制度，包括驾驶员管理制度，车辆维护、维修管理制度，安全教育培训管理制度等，并有效落实执行。

（3）定期对车辆进行检测、维护。

（4）加强安全隐患排查。

（5）加强安全培训教育。

三、京珠高速河南省信阳市7·22特别重大道路交通事故案例

❶ 事故经过

2011年7月21日10时7分，驾驶员孙某、邹某驾驶大型卧铺客车从威海交运集团客运二分公司停车场出发前往湖南省长沙市。7月22日凌晨3时43分，当客车（实载47人）行驶至京珠高速公路河南省信阳市境内938km+115m处时，突然发生爆燃，客车继续前行145m至京珠高速公路938km+260m处，与道路中央隔离护栏刮蹭碰撞后停车，共造成41人死亡、6人受伤，客车严重烧毁，直接经济损失2342.06万元。事故现场，如图7-3所示。

❷ 事故原因

1）直接原因

驾驶员使用大型卧铺客车违规运输15箱共300公斤危险化学品偶氮二异庚腈并堆放在客车舱后部，在车辆运输过程中，偶氮二异庚腈在挤压、摩擦、发动机放热等综合因素作用下受热分解并发生爆燃。

2）间接原因

（1）威海交运集团及其客运二分公司、威海汽车站客运安全管理混乱。

第七章 事故报告、处理与案例分析

图 7-3 事故现场

（2）威海市交通运输管理部门组织开展客运市场管理和监督检查工作不到位。

（3）该危化品所属的生产企业危险化学品安全管理混乱。

（4）危化品生产单位所在地淄博市安全监管部门组织开展危险化学品安全生产监督检查工作不到位。

（5）淄博市质量技术监督管理部门组织开展危险化学品产品质量监督检查工作不到位。

（6）山东省公安厅交警总队高速公路交警支队青州大队、河南省开封市公安局交警支队高速公路交警支队组织开展高速公路交通安全执法工作不到位。

（7）淄博市临淄区人民政府及其辛店街道办事处贯彻落实国家有关危险化学品安全管理的法律法规不到位，对有关监管部门履行职责的情况督促检查不到位。

❸ 事故责任

经调查认定，京珠高速河南信阳"7·22"特别重大卧铺客车燃烧事故是一起责任事故。驾驶员孙某在事故中死亡，邹某因重大责任事故罪被依法追究相应责任；大型卧铺客车所属企业经理、副经理等3人对事故负主要领导责任,被依法追究相应责任;危险货物生产企业控股股东,法定代表人等5人因涉嫌以危险方法危害公共安全罪依法追究相应责任。

❹ 事故防范措施

(1)进一步落实道路客运企业的安全生产主体责任。
(2)进一步加强道路交通违法行为的打击力度。
(3)进一步加强危险化学品的安全管理。
(4)进一步加强对企业从业人员的安全培训教育。

四、沪昆高速贵州省贵定县1·4重大道路交通事故

❶ 事故经过

2012年1月4日下午,驾驶员驾驶安徽省黄山市凯鸿旅游客运有限公司皖J06318普通客车(核载53人,实载57人,其中儿童及幼儿4人,含两名驾驶员),由浙江义乌驶往四川叙永。当行至黔南州贵定县境内沪昆高速公路1765km+500m处时(正值雨雪凝冻天气,路面结冰),车辆越过中心隔离带驶入对向车道,冲过对向车道后又冲出对向车道路边护栏,翻下道路外高8.8m的水沟,造成15人当场死亡、3人经抢救无效死亡、39人受伤。事故现场,如图7-4所示。

❷ 事故原因

1)直接原因

事故发生地当天为小雨夹雪天气,道路有积雪和凝冻。事故发生前,驾驶员杨某以55km/h的车速在冰雪道路上行驶,且处置不当,造成大客车失控。经调查认定,驾驶员冰雪路面未按要求保持安全车速、处置不当是造成事故的主要原因。

第七章　事故报告、处理与案例分析

图 7-4　事故现场

2）间接原因

(1) 责任人张某非法包车，伪造车票等相关证件。

(2) 旅游客运公司非法跨省客运。

(3) 旅游客运公司安全生产管理混乱。

❸ 事故责任

本次事故中，大型客车驾驶员杨某在事故中死亡；非法组织包车营运的 3 名责任人被依法追究刑事责任；大型客车所属道路运输企业主要负责人、安全管理人员及其他相关人员均被依法追究刑事责任。

❹ 事故防范措施

(1) 道路运输企业应建立健全安全管理制度，加强安全管理，合理安排运输任务。

(2) 道路运输企业应加强驾驶员的安全培训教育，提高驾驶员安全驾驶技能。

冰雪道路对驾驶员的安全驾驶和车辆的稳定性都会产生不

良影响，严重影响行车安全，道路运输企业要加强相关培训，驾驶员要充分重视，加强学习，提高安全驾驶技术。

(3)道路运输企业应做好恶劣天气下运营车辆的监管和应急防备。

道路运输企业应根据天气状况对驾驶员进行安全告知提醒，并落实好相应的应急救援预案，确保下辖车辆的行车安全，充分利用"道路运输车辆卫星定位系统动态监控平台"，及时向驾驶员发送天气和路况等预警信息。

参考文献

[1] 国家安全生产监督管理总局宣教中心. 生产经营单位主要负责人和安全管理人员安全培训通用教材(初训)[M]. 北京:中国矿业大学出版社,2008.

[2] 国家安全生产监督管理总局宣教中心. 生产经营单位主要负责人和安全管理人员安全培训通用教材(复训)[M]. 北京:中国矿业大学出版社,2012.

[3] 肖润谋,张犟. 道路运输企业安全管理[M]. 北京:人民交通出版社,2013.

[4] 国家安全生产监督管理总局宣教中心. 道路运输企业主要负责人和安管人员安全培训教材[M]. 北京:团结出版社,2014.

[5] 国家安全生产监督管理总局宣教中心. 道路运输企业主要负责人和安管人员安全培训教材(复训)[M]. 北京:团结出版社,2014.

[6] 周炜. 道路运输事故典型案例评析(二)[M]. 北京:人民交通出版社股份有限公司.2015.